DAS WAR POPIELUSZKO

Das war Popiełuszko

Eine Dokumentation

Herausgegeben und übersetzt von
Georg Motylewitz

Herder
Wien · Freiburg · Basel

Satz und Druck: StiepandruckgesmbH.,
2544 Leobersdorf, Hirtenberger Straße 31
Umschlaggestaltung: Herbert Schiefer
Bestellnummer: ISBN 3-210-24.818-4

Der Lebenslauf des Priesters Jerzy Popieluszko

Jerzy Popieluszko wurde am 23. September 1947 in dem kleinen Dorf Okopy in der Erzdiözese Allenstein geboren. Im Alter von 18 Jahren trat er in Warschau ins Priesterseminar ein. Ein Jahr später wurde er zu den Waffen gerufen. Den zweijährigen Militärdienst versah er in einer Sondereinheit für Kleriker in Bartoszyce in den Masuren. In dieser Zeit wurde er wegen seines Mutes zur Verteidigung der Religion gegenüber seinen direkten Vorgesetzten bekannt; so weigerte er sich z.B., seine Halskette mit heiliger Medaille und den Rosenkranz abzugeben, wofür er allerlei Schikanen ausgesetzt war. Nach dem Militärdienst setzte er sein Studium im Priesterseminar fort.

1972 wurde er von dem damaligen Primas Polens, Kardinal Stefan Wyszyński, zum Priester geweiht. Danach arbeitete er als Vikar in Pfarreien bei Warschau (Zabki, Anin) und schließlich in Warschau selbst. Ab 1979 war er als Studentenseelsorger in der akademischen Kirche St. Anna in Warschau tätig. Dort veranstaltete er Einkehrtage für die Medizinstudenten und Krankenschwestern. Nachdem er schwer erkrankte, mußte er lange Zeit im Krankenhaus verbringen. Er wurde mit der Diagnose entlassen, daß er niemals mehr ganz gesund werden würde, und arbeitete in der Folgezeit als Seelsorger der Ärzte und des ärztlichen Personals der Erzdiözese Warschau.

Dann wurde er der Pfarre zum hl. Stanislaus Kostka zugewiesen, wo Teofil Bogucki Pfarrer ist. Als im August 1980 ein Streik zur Unterstützung der Hafenarbeiter von Danzig in der Stahlhütte von Warschau stattfand, beauftragte der inzwischen verstorbene Primas Stefan Wyszyński den Priester Jerzy Popieluszko auf Wunsch der Arbeiterdelegation, auf dem Werksgelände des größten Warschauer Betriebs die heilige Messe zu feiern. An diesen Tag erinnerte sich Jerzy Popieluszko in einem Gespräch mit dem befreundeten Priester Antoni Poninski: „. . . diesen Tag und diese heilige Messe werde ich bis an mein Lebensende nicht vergessen. Ich ging mit richtigem Lampenfieber dorthin. Schon die Situation war völlig neu. Was werde ich dort vorfinden? Wie werden sie mich aufnehmen? Wo wird man die Messe feiern können? Wer wird die Texte lesen, singen? Solche, heute vielleicht naiv klingende Fragen bewegten mich auf dem Weg zur Fabrik. Und dann, am Tor, erlebte ich die erste große Überraschung. Ein dichtes Spalier von Leuten, die zugleich lachten und weinten. Und Beifall. Ich dachte, jemand Wichtiger gehe hinter mir her. Aber das war Beifall zur Begrüßung des ersten Priesters, der in der Geschichte dieses Betriebs seine Tore durchschritt. So dachte ich damals – Beifall also für die Kirche, die seit über 30 Jahren geduldig an die Werkstore geklopft hatte.

Wladyslaw und Marianna Popieluszko, die Eltern des ermordeten Priesters – sie haben ihren Sohn im Geiste der Nächstenliebe erzogen.

Meine Befürchtungen waren umsonst. Alles war vorbereitet: sowohl ein Altar in der Mitte des Werkplatzes als auch ein Kreuz, das dann am Eingang in den Boden gepflanzt wurde, schwere Zeiten überstanden hat und bis heute dort steht, ständig von frischen Blumen umgeben, sogar ein provisorischer Beichtstuhl war da. Auch Lektoren fanden sich. Diese Männer hätte man hören müssen, die oft genug harte Worte gebrauchten und die jetzt andächtig heilige Texte lasen. Und dann kam es wie ein Donner aus Tausenden von Mündern: ‚Dank sei Gott dem Herrn.' Es zeigte sich, daß sie auch singen konnten, viel besser als in den Kirchen. Davor war noch Beichte. Ich saß auf einem Stuhl, den Rücken fest an irgendein Eisenwerk gelehnt, und diese harten Kerle im verschmierten Blaumann knieten auf dem von Schmiere und Rost geröteten Asphalt ... Wer das von außen betrachtete, für den mag das feierlich ausgesehen haben, aber in Wirklichkeit war es eigentlich ganz normal. Es wurde zur Alltäglichkeit. Genauer gesagt: es wurde zur Notwendigkeit. Denn schließlich ist es etwas Normales, wenn der Mensch Gott ‚entdeckt', auch außerhalb der Kirche sieht, dort, wo er wohnt, arbeitet, sich ausruht. Um ein solches Bewußtsein der Gläubigen hat sich die Kirche immer bemüht ... und das ist geschehen. Es waren doch die Arbeiter, die uns um eine heilige Messe an ihrem Arbeitsplatz baten. Anfangs hing das vielleicht mit einem gewissen Bedrohungsgefühl zusammen, mit der Suche nach einer Stütze in den schweren Streiktagen. Aber im Laufe der Zeit nahm das eine andere Dimension an: Christus und die Kirche sollten mit den Arbeitern den Alltag der Arbeit, der Anstrengung und des Dienstes für andere mitgestalten. Dann ist da dieses genaue Gefühl, wann Christus, wann das Gebet besonders benötigt wird. Ich erinnere mich an ihre Reaktionen auf das Papstattentat. Es war ihre Initiative, im Betrieb eine heilige Messe für den

Papst abzuhalten. Über dem Altar hängten sie ein Tuch auf: «Heiliger Vater, wir beten für Dich». An diesem Tag wollten sie von sich aus alles geben, was sie konnten. Das war dieses Alles. Viele von ihnen gingen an jenem Tag zum erstenmal zur Beichte . . .

. . . Vielleicht klingt das stereotyp, aber was mich am stärksten bewegte, war, daß sie fast über Nacht das Gefühl menschlicher Würde – der eigenen und der anderer – entdeckten und es in ihnen wuchs. Nicht als ob sie sich für wichtig hielten. Nicht daß sie die führende Klasse wären, aber daß j e d e r Mensch geachtet werden muß. Das forderten sie nicht nur für sich; wie hat sie das verändert! Und eine zweite Sache war, daß sie ihr Leben viel ernster betrachteten. Manchmal sagten sie: Ich bin in die Kirche gegangen, habe aber nicht immer verstanden, daß das verpflichtet. Jetzt, nach Jahren, begannen sie, zu den Sakramenten zu gehen – auch solche, deren bisherige Anschauungen von den religiösen völlig verschieden waren. Noch eines ließ sich schließlich bemerken: ein anderes Verhältnis zum gesellschaftlichen Eigentum – Sorge um den Betrieb, um die Maschinen, um redlichere Arbeit . . .

. . . Ich habe gesehen, wie das Evangelium den Menschen verändert. Wenn wir, zumeist als Priester – ständig gläubigen Menschen begegnen, vor allem in den Kirchen, bemerken wir das vielleicht weniger. Aber dort war ich und bin ich Zeuge des religiösen Erwachens solcher Menschen. Nie zuvor habe ich solche Beichten gehört. Es ist ein großartiges Gefühl, wenn man einen 30jährigen Menschen tauft, der zuvor nie etwas von Gott gehört hat! Heute vergeht keine Woche ohne eine solche Taufe. Manchmal verspüre ich Ermüdung. Ich habe nicht genug Zeit für alle. Am wenigsten habe ich sie für mich. Aber Ermattung spüre ich nicht. Ich kann mein Priestertum nicht mehr in der Kirche einschließen, auch wenn so mancher ‚Berater' mir zuflüstert, daß ein echter polnischer Priester die kirchliche Einfriedung nicht verlassen sollte. Ich werde bei meinen Arbeitern sein, solange es mir nur möglich sein wird . . ."

Er blieb seinen Worten treu. Während des berühmten Streiks in der Akademie der Feuerwehrleute in Warschau hielt Popieluszko die Verbindung zwischen den Streikenden und Kardinal Wyszyński aufrecht. Vor dem Beginn der Zweiten Vollversammlung der „Solidarnosc" in der Region Masowien feierte er die heilige Messe. Zwei Jahre später organisierte er eine Pilgerfahrt nach Tschenstochau. Über 4000 Arbeiter aus den größten Betrieben Warschaus folgten ihm damals zu Fuß zur Schwarzen Madonna. Die Pilgerfahrt endete mit einem Kreuzweg auf den Hellen Berg (Jasna Gora). Nach der Aussage der dort ansässigen Paulinen-Patres war das der erste Arbeiter-Kreuzweg in der Geschichte Tschenstochaus.

In den letzten zweieinhalb Jahren vor seinem tragischen Tod widmete er sich besonders der Veranstaltung der „Messen für die Heimat". Die erste las er im Jänner 1982. Mit wenigen Ausnahmen, z.B. als er im Dezember 1983 inhaftiert wurde, zelebrierte Popieluszko diese Gottesdienste und hielt die Ansprachen an jedem letzten Sonntag des Monats, etwa 31 Monate lang. Seitdem Popieluszko diese Messen feierte, kamen immer mehr Menschen in die Kirche von St. Stanislaus. Zuerst die Einwohner der Hauptstadt, dann Leute aus oft weit entfernten Städten.

Der Verlauf jeder „Messe für die Heimat" wurde von Jerzy Popieluszko selbst sorgfältig vorbereitet. Am Anfang der Liturgie und nach der hl. Kommunion lasen öfters bekannte Schauspieler Gedichte und Texte berühmter polnischer Autoren, man sang religiös-patriotische Lieder. In einer Atmosphäre großer Ernsthaftigkeit und Konzentration hielt Jerzy Popieluszko die Predigt, deren Inhalt den Warschauer Bischöfen immer zuvor zur Kenntnisnahme vorgelegt wurde. Manchmal versuchte jemand, die Anwesenden zu provozieren, die Gebetsversammlung in eine politische Manifestation umzufunktionieren. Aber die Provokateure mußten mit leeren Händen weggehen. Es genügte eine ruhige Anspielung des Priesters, ein warnendes Wort.

Bald fanden die „Messen für die Heimat" großen Widerhall in ganz Polen. Jerzy Popieluszko bekam Tausende von Briefen, in denen ihm die Menschen für diese Messen dankten; zugleich berichteten sie ihm von ihren Sorgen. Außer positiven gab es aber auch anonyme böse Briefe, voller Haß und Drohungen. Es gab auch Überfälle: Eines Nachts warfen Unbekannte einen riesigen Stein in das Zimmer des Priesters – nur aus Zufall passierte ihm nichts. Von dem Augenblick an hielten die befreundeten Arbeiter aus dem Stahlwerk Tag und Nacht Wache, um den beliebten Priester zu schützen. Neben ihm wohnten immer „Aufpasser", und diese begleiteten ihn auch, wenn er fortfuhr.

Jerzy Popieluszko (Mitte) mit Lech Walesa (rechts) und dessen Beichtvater, Priester Jankowski, der inzwischen anonyme Briefe mit der Drohung: „Du wirst der Nächste sein", erhielt.

Die „Messen für die Heimat“ und die Predigten, in denen er sich für Gerechtigkeit, Freiheit und Menschenwürde einsetzte, ließen ihn schnell der Regierung suspekt werden. Popieluszko kam auf die Liste jener „unerwünschten Priester“, die nach Ansicht der Regierung verbotene politische Einmischung betrieben.

Im Dezember 1983 wurde er plötzlich inhaftiert und wegen „Mißbrauch des geistlichen Amtes zu politischen Zwecken“ angeklagt. Während einer Hausdurchsuchung fand man angeblich bei ihm in Polen verbotenes Druckmaterial und Waffen. Wie das polnische Fernsehen es später ausstrahlte, waren 15.000 Flugblätter der „Solidarität“ und Munition – 38 Pistolenpatronen, zwei Sprengsätze und drei Tränengasgranaten – sichergestellt worden.

Nach einer Intervention der Polnischen Bischofskonferenz wurde Popieluszko wieder entlassen. Zu diesen Ereignissen nahm er dann während einer Messe in der St. Stanislaus-Kirche Stellung:

„Im Zusammenhang mit den Ereignissen der letzten Tage und der offiziellen Information über die Durchsuchung meiner Wohnung fühle ich mich, da ich keine andere Möglichkeit habe, die Wahrheit bekanntzugeben, verpflichtet, auf diese Weise den Gläubigen Folgendes mitzuteilen:

– Ich besitze eine kleine Wohnung, die mir vor 5 Jahren meine Tante geschenkt hat, worüber die kirchlichen Behörden informiert waren.

– In dieser Wohnung wurden Gegenstände gefunden, deren Herkunft mir völlig unbekannt und deren Charakter im Zusammenhang mit meiner pastoralen Tätigkeit absurd ist.

Ich halte dies für ein plumpes Täuschungsmanöver und eine Provokation.“

Im Sommer 1984 wurde im Zuge der Amnestie für alle politischen Gefangenen auch das Strafverfahren gegen Jerzy Popieluszko abgeschlossen.

Die Massenmedien versuchten jedoch weiter, Kaplan Popieluszko als Betrüger und Subversiven hinzustellen. Angesichts beständiger Attacken und wiederholter Anschuldigungen gegen den Priester hielt der Pfarrer der Kirche St. Stanislaus Kostka, Teofil Bogucki, am 29. Juli 1984 vor einigen tausenden Gläubigen in seiner Kirche ein Plädoyer für den Geistlichen:

„Ich betrachte es als meine Aufgabe als Seelsorger, angesichts falscher Urteile und ungerechter Verurteilungen Klarheit über die Person Jerzy Popieluszkos zu schaffen, der einer der besten Priester ist, voll des Heiligen Geistes, und einer der großartigsten Polen, von noblem Gemüt und mit ganzem Herzen seiner Heimat ergeben. Alle können es bezeugen, daß er niemals Haß und Rache entfacht hat. Im Gegenteil. Er lud zu Liebe und Verzeihung ein.

Ja, man kann aus jedem einen Kriminellen machen, man kann seine Schuld beweisen, aber nur, wenn man dabei das Gewissen und die öffentliche Meinung außer acht läßt. Der Priester Jerzy Popieluszko ist kein Anarchist, sondern er ruft alle zum Frieden, zur Klugheit und zur Geduld auf. Das beweist die Ruhe und Ernsthaftigkeit unserer Messen für die Heimat. Er beruhigt die aufgeregten Gemüter und hilft ihnen, die Spannungen zu überwinden. Ich weiß, daß alle hier Versammelten – und nicht nur sie – Jerzy Popieluszko mit ihren herzlichen Gebeten unterstützen. Wir setzen alle unsere Hoffnungen auf Gott und glauben, daß niemand in Polen dem Priester etwas Böses antun wird."

Doch es ist anders gekommen. Am 19. Oktober 1984 wurde Jerzy Popieluszko auf dem Rückweg von einem Gottesdienst, den er in Bromberg zu halten hatte, in der Ortschaft Przysiek bei Thorn entführt und ermordet.

Die „Messen für die Heimat“

Die Kirche zum Heiligem Stanislaw Kostka in dem Warschauer Stadtviertel Zoliborz zeichnet sich im Vergleich zu anderen Warschauer Kirchen durch keine Besonderheiten aus. Sie hat weder einen großen historischen Wert, noch ist sie durch eine kühne moderne Architektur gekennzeichnet. Sie wurde in der Zwischenkriegszeit gebaut. Gerade hier schlägt jedoch seit einigen Monaten das Herz der Stadt.

In dieser Kirche werden nämlich die im ganzen Land bekannten „Messen für die Heimat“ gelesen. Hierher kommen nicht nur Tausende Warschauer, sondern auch zahlreiche Gruppen von Gläubigen aus vielen Städten Polens. Die Kirche kann sie nicht alle fassen. So stehen sie dicht nebeneinander, Kopf an Kopf, auf dem Platz vor der Kirche und auf den anliegenden Straßen, um an dem durch Lautsprecher übertragenen Gottesdienst teilzunehmen. Das ist ihre Stunde, die sie gemeinsam und mit Andacht erleben wollen. Dies vollzieht sich an jedem letzten Sonntag im Monat um 19 Uhr.

Was empfinden die hier so zahlreich versammelten Menschen? „Ermutigung und Gemeinschaft sind die ersten Worte, die ich mit diesen Heimatmessen verbinde“ – erinnert sich einer der vielen Teilnehmer. Das Gefühl der Verbundenheit mit anderen Menschen und zugleich das Bewußtsein, daß man ein Teil von etwas ist, das uns alle unermeßlich übertrifft, ein Teil der großen nationalen Tradition, ist die stärkste Erfahrung in diesen Stunden.

Es fällt einem schwer, diese Stimmung mit Worten auszudrücken, obwohl man sie unauslöschlich im Gedächtnis behält. Ein Teilnehmer erzählt:

„Ich erinnere mich – es war im Februar 1983. Ich kam etwas verspätet. Der Platz vor der Kirche war mit

Menschen überfüllt. Ich stellte mich mit ein paar Bekannten auf die anliegende Straße und hörte die mir gut bekannte Stimme. Jerzy Popieluszko sprach vom Unrecht, das man den unschuldig Verhafteten antut, von der Pflicht, sich mit ihnen zu solidarisieren. Es nieselte, die versammelten Menschen hörten mit Andacht die Worte des Priesters, und mir wurde klar, daß eben in diesem Augenblick ein neues Kapitel der Geschichte der Nation, der Geschichte meiner Stadt, geschrieben wird."

*

„Wenn ich dich je vergesse, meine geliebte Heimat, möge ich auch meine rechte Hand vergessen, dann möge mir die Zunge an den Lippen kleben . . ."

„Die Liebe zur Heimat und ihr herzinniges Gedenken in guten und schlechten Zeiten – das ist der Hauptgrund für die Einführung der heiligen Messen für die Heimat und der Gebete um ihr Wohl.

Vor dem Zweiten Weltkrieg hat man immer nach der 12-Uhr-Sonntagsmesse für die Heimat und den Präsidenten des Freistaates Polen gebetet. Dieser Brauch ist in den Kriegswirren verlorengegangen. Die liturgische Reform nach dem Zweiten Vatikanischen Konzil hat alles, was nicht offizielle Liturgie im engeren Sinne ist, aus dem Ablauf des Gottesdienstes ausgeschieden. Dies betraf auch das Gebet für die Heimat; man konnte nur entsprechende Bitten im Rahmen der Fürbitten formulieren.

Aber die Heimat war trotz Kriegsende überströmt von Tränen und Blut, sie versank in moralischem Verderben, erlitt schmerzliche Wunden im öffentlichen Leben . . . Anregungen der Bischöfe, für die Heimat zu beten, das Beispiel der großen Heimatliebe des Heiligen Vaters, Papst Johannes Pauls II., der so oft seines Vaterlandes gedachte und in seiner Intention betete, schließlich auch sein Besuch in Polen im Juni 1979, der die reinste Heimatliebe der Polen gestärkt hat – all das hat uns dazu bewogen, an jedem letzten Sonntag des Monats eine eigene Messe für die Heimat zu feiern.

Die erste heilige Messe für die Heimat wurde in unserer Kirche im November 1980 gelesen. Sie wurde mit großer Freude aufgenommen. Von Monat zu Monat wuchs die Zahl der Teilnehmer dieser Gebetstreffen . . . Nach der Einführung des Kriegszustands hat der Priester Jerzy Popieluszko die Gestaltung dieser Messe übernommen. Diese heiligen Messen für die Heimat und für alle, die für sie leiden, wurden und werden von zahlreichen Gläubigen, darunter auch von bekannten Künstlern, besucht und sind nicht nur im Inland, sondern auch im Ausland bekanntgeworden."

Prälat Teofil Bogucki
Pfarrer in der Stanislaus Kostka-Kirche
im Bezirk Zoliborz in Warschau

*

Jänner 1982

Da uns, auf Grund der Einführung des Kriegszustands, die Redefreiheit entzogen wurde, so wollen wir, die Stimme unseres Herzens und Gewissens hörend, an alle unsere Schwestern und Brüder denken, die ihrer Freiheit beraubt wurden.
(3 Minuten Stille)

*

Juni 1982 *„Ich flehe Dich an, o Herr, im Namen dieser ganzen Erde!“*

„Ich flehe Dich an, o Herr, im Namen dieser ganzen Erde! Schaue auf uns und höre unsere Bitten, damit wir die Hoffnung auf Dein Wort nicht verlieren. Gott wird am schnellsten Worte des Kindes erhören, wenn es das Glück nicht für sich, sondern für seine Brüder will.“

Im Juni, dem Monat des Allerheiligsten Herzens Jesu, wollen wir mit dem Herzen alle jene umfassen, die unser Herz am meisten brauchen. Vor allem Kinder aus all jenen Familien, die der Kriegszustand besonders getroffen hat. Kinder reagieren sehr empfindlich auf jede Ungerechtigkeit, weil sie sie nicht verstehen können. Die Welt des Kindes ist eine sehr zarte Wirklichkeit. Je grausamer und brutaler das Böse ist, desto größere Verwüstungen verursacht es im Geist eines Kindes. So können das brutale Böse und der Haß, die am Anfang des Kriegszustands und auch später noch viele unserer Familien betroffen haben, nicht ohne Einfluß auf den Geist der Kinder geblieben sein. Es gibt genug Kinder, die verwaist sind, die in Erziehungsheimen leben, die einsam und traurig sind. Wer hat all diese während des Kriegszustands verwaisten Kinder auf dem Gewissen?

Im gemeinsamen Gebet der hier so zahlreich versammelten Gläubigen wenden wir uns an Dich, Herr Jesus Christus, dessen Herz von der Lanze der Übeltäter durchstoßen wurde und der so sehr gelitten hat.

Du selbst bist ein Kind gewesen. Und obwohl Du Deinen himmlischen Vater hattest, hat Dir Gott auch den heiligen Josef gegeben, damit er die Rolle eines irdischen Vaters übernehme.

Du, Jesus, mußtest schon als Kind leiden, als Du vor den Henkern des Herodes zusammen mit Deinen Eltern aus der Heimat fliehen mußtest.

So verstehst Du sicher den Schmerz der Kinder, deren Eltern wie Verbrecher im Untergrund leben müssen, obwohl sie keine sind. Den Schmerz der Kinder, deren Eltern in Internierungslagern oder Gefängnissen bleiben müssen.

Du verstehst den Blick des Kindes, wenn es vom Gesicht seines Vaters Sorge um das materielle Dasein der Familie abliest. Du verstehst das. Und so meinen wir, Deine Antwort hören zu können:

„Liebes Kind. Ich kenne deinen Schmerz, denn ich habe mit dir gelitten, als in der Nacht böse Menschen, ausgerüstet mit Paragraphen und Gesetzen des Kriegszustands, gekommen sind und dir deinen Vater weggenommen haben. Ich weiß, niemand kann dir die Tage ohne ihn und ihm die Tage ohne dich wiedergeben. Aber eines Tages wirst du, mein Kind, erfahren, daß man deinen Vater eben deshalb fortgeführt hat, weil er nach Gerechtigkeit verlangte. Und du wirst stolz auf ihn sein."

Hilf uns, Jesus Christus, die Verpflichtungen gegenüber den verwaisten und vom Kriegszustand benachteiligten Kindern zu erfüllen. Hilf uns auch, alle um ihre Kinder besorgten Mütter in unseren Schutz zu nehmen.

Flöße den Müttern unserer Kinder Kraft, Tapferkeit und Klugheit ein, denn ihre Väter sind die Stimme von Millionen unserer Bürger, die ihre Hoffnung in die „Solidarität" setzen.

Jesus Christus, Du kennst den vierjährigen Jacek, zu dem die vereinsamte Mutter mit Würde sagt: „Mein Söhnchen, dein Vater ist nicht da, jetzt mußt du ihn vertreten." Und als der kleine Sohn weiter fragt, warum sein Vater hinter der Mauer und dem Stacheldraht bleiben muß, obwohl er nichts Böses getan hat, sieht er Tränen in Mutters Augen. Und wenn der vierjährige Jacek die Tränen seiner Mutter sieht, versteht er alles auf seine kindliche Weise und bemüht sich, für die

Mutter zu sorgen, so wie das früher der Vater getan hat.

Du kennst das weinende fünfjährige Mädchen, das beim Besuch seines Vaters in einem Internierungslager bei Warschau schrie: „Vati, komm zurück nach Hause, oder laß mich hier bei dir bleiben."

Du, o Jesus, kennst den Schmerz und die Unruhe aller verwaisten kindlichen Herzen. Deshalb glauben wir daran, daß die Leiden der Kinder und des ganzen Volkes Früchte bringen werden. Alles Große und Schöne wird im Leiden geboren. So ist auch aus den Leiden, dem Schmerz, den Tränen und dem Blut des Jahres 1970 die patriotische Bewegung der jungen Menschen, die Solidarität gewachsen. Ein guter Baum bringt immer gute Früchte. Aber auf dem Baum des Bösen wachsen nur Früchte des Bösen.

Der Kriegszustand wurde von denjenigen, die ihn eingeführt haben, als ein notwendiges Übel, als das kleinere Übel, aber immerhin doch als ein Übel bezeichnet. Deshalb wird ihre Saat üble Früchte bringen. Sie werden schlechte Ernte einführen.

Möge unsere Sympathie und Solidarität im Gebet mit allen, die leiden, die mißhandelt und belogen werden, möge unsere Forderung nach Freiheit für die Gefangenen und nach Wiederbeschäftigung derer, die aus politischen Gründen entlassen wurden, möge unsere Forderung einer frohen Kindheit für unsere Kinder, möge all das zugleich ein lauter Schrei nach der Freiheit in der Heimat sein. Nach der Freiheit, die in Gerechtigkeit, Güte und Liebe gründet. Amen.

*

September 1982 *„Kein Sieg ohne Kreuz"*

Christus stirbt am Kreuz für die ganze Menschheit, besiegt den Tod und öffnet den Weg zur Auferstehung.

Warum mußte sich die Erlösung der Menschheit an einem so grausamen Werkzeug, wie es das Kreuz der Antike war, vollziehen?

Den Tod am Kreuz haben die Phönizier für die am meisten verachteten Menschen, für Rechtlose, für Sklaven, ausgedacht. Wäre Christus durch Steine getötet worden, wäre er nur als Jude gestorben. Hätte er seinen Kopf unter das Schwert gelegt, wäre er als Römer gestorben. Da er aber wie ein Sklave am Kreuz gestorben ist, ist er zum Bruder der ganzen Menschheit geworden, denn als Sklaven starben Menschen aus verschiedenen Nationen. Sklaven waren sowohl Juden als auch Griechen oder Germanen. Unter den Sklaven waren sowohl Analphabeten wie gebildete Menschen.

Durch den Tod und die Auferstehung Christi wurde das Symbol der Schande und der Erniedrigung zum Symbol der Tapferkeit, Stärke, Hilfe und Brüderlichkeit. Das Zeichen des Kreuzes steht daher heute für das Schönste und Wertvollste im Menschen. Durch das Kreuz geht man zur Auferstehung. Es gibt keinen anderen Weg. Und deswegen müssen die Kreuze unserer Heimat, unsere persönlichen Kreuze und die unserer Familien zum Sieg führen, zur Auferstehung, wenn wir sie mit Christus, der das Kreuz besiegt hat, verbinden.

Unsere Leiden, unsere Kreuze können wir ständig mit Christus verbinden, denn der Prozeß um Christus dauert immer noch an. Der Prozeß gegen Christus wird fortgesetzt in seinen Brüdern. Denn die Schauspieler des Dramas und des Prozesses um Christus leben immer noch. Verändert haben sich nur ihre Namen und Gesichter, die Geburtsorte und Geburtsdaten. Es ändern sich die Methoden, aber der Prozeß selbst dauert weiter an. Alle diejenigen, die ihren Brüdern Leiden und Schmerzen bereiten, alle, die gegen das kämpfen, wofür Christus am Kreuz gestorben ist, sind an diesem Prozeß beteiligt. An dem Prozeß nehmen auch teil alle diejenigen, die auf Lüge, Falschheit und unvollständige Wahrheiten bauen, alle, die die menschliche Würde, die Würde eines Gotteskindes erniedrigen, alle, die ihren Landsleuten den von Gott selbst so hoch geschätzten Wert der Freiheit entziehen und begrenzen.

Was für eine Ähnlichkeit gibt es heute noch zwischen dem am Kreuz blutenden Christus und unserer schmerzerfüllten Heimat?

„Christus, am Kreuz ausgebreitet
wie Polen in der Zeit der Gefangenschaft.
Christus, am Kreuz ausgebreitet
wie Polen in der Zeit der Befreiung . . .“

ruft ein Dichter.

So wie Christus am Kreuz blutet die Heimat. Ihre Söhne, der Ehre und Würde beraubt, werden erniedrigt und vielfältig mißhandelt.

Christus wurde am Kreuz von seinen Landsleuten in seinem Lande getötet. Heute werden unsere Brüder von den Händen ihrer Landsleute getötet. Man kann viele Beispiele nennen, die das Kreuz unseres Volkes, unserer Heimat sichtbar machen:

Das größte Kreuz ist das Verstoßen gegen die prinzipiellen Rechte der menschlichen Person, denn mit diesen sind andere verbunden. Der verstorbene Primas, Kardinal Wyszyński faßte das mit den folgenden Worten zusammen: „Den Anfang der gesellschaftlichen Ordnung und die Bedingung der Ordnung in der Welt, des Friedens in den Gewissen, Familien und Völkern bildet die Beachtung der Grundrechte der menschlichen Person.“ Wo die menschlichen Rechte auf Wahrheit, Freiheit und Gerechtigkeit nicht beachtet werden, dort gibt es keinen Frieden und wird es keinen geben. Man muß zuerst den Menschen ihre Grundrechte sichern und erst dann mit vereinten Kräften den Bau des Friedens beginnen.

In unserer Heimat werden diese Rechte nicht respektiert, denn in den Internierungslagern und Gefängnissen sitzen viele tausend Menschen. Die Massenmedien verbreiten viel Unwahrheit, und die Gerechtigkeit leidet an vielen Ecken und Enden.

Ein Kreuz für unsere Heimat ist die Tatsache, daß man seit Jahrzehnten mit einer seltenen Sturheit den Menschen, vor allem der Jugend, Gott zu nehmen versucht und eine Ideologie aufzwingt, die mit der tausendjährigen christlichen Tradition unseres Volkes nichts zu tun hat. „Wie konnte man nur annehmen" – auch hier möchte ich wieder die Worte des verstorbenen Primas anführen –, „daß Polen, welches durch 10 Jahrhunderte im Licht des Kreuzes und des Evangeliums gelebt hatte, auf Christus verzichten werde und von seiner christlichen Kultur, die durch Jahrhunderte gestaltet und in das persönliche, nationale und das familiäre Leben eingepflanzt wurde, abgehe!" Die geplante Entchristianisierung, der Kampf gegen Gott und alles, was Gottes ist, ist zugleich ein Kampf gegen die Größe und Würde des Menschen, denn die Größe des Menschen liegt darin, daß er in sich die Würde des Kindes Gottes trägt.

Ein Kreuz ist das Fehlen der Wahrheit. Die Wahrheit ist dadurch gekennzeichnet, daß sie weiterbesteht und immer ans Licht kommt, auch dann, wenn man versucht, sie sorgfältig und planmäßig zu verbergen. Die Lüge stirbt immer eines schnellen Todes. Die Wahrheit ist immer kurz und bündig, die Lüge dagegen braucht viele Worte. Die Quelle aller Krisen ist das Fehlen der Wahrheit.

Ein Kreuz ist das Fehlen der Freiheit. Dort, wo es an Freiheit fehlt, gibt es keine Liebe, keine Freundschaft und das sowohl unter den Familienmitgliedern als auch in der Gesellschaft und zwischen den Nationen. Man kann nicht unter Zwang jemanden lieben oder mit ihm in Freundschaft leben. Der gegenwärtige Mensch ist empfänglicher für die Wirkung der Liebe als der Gewalt. Die Polen gewinnt man nicht durch Drohung, sondern mit dem Herzen. Und auch die Tapferkeit besteht nicht darin – wie es der verstorbene Primas zu sagen pflegte –, „eine Waffe bei sich zu tragen, denn die Quelle des Mutes ist nicht das Eisen, sondern das Herz“.

Jeder der hier Stehenden könnte eine unendliche Zahl von Kreuzen nennen, die er selbst erlebt hat oder deren Zeuge er besonders während der letzten zehn Monate war. Das waren Monate ständiger Unruhe, der Mißhandlung, Furcht und ungewissen Zukunft.

Alle diese Kreuze unseres persönlichen und gesellschaftlichen Lebens müssen zur Auferstehung der freien und gerechten Heimat führen. Seit Christus am Kreuz gestorben ist, können uns keine Leiden und Erniedrigungen mehr schänden. Die Schande fällt auf diejenigen zurück, die sie verursachen.

Und so wie Christus auf dem Kreuzweg nicht umgekehrt ist, sondern bis zum siegreichen Ende gegangen ist, so wird auch unser Volk, von Christus gestärkt, den Weg nicht aufgeben, auch wenn es bis zur Auferstehung auf seinen wunden Knien rutschen müßte.

So wollen wir Gott um Hoffnung bitten, denn nur mit Hoffnung gestärkte Menschen können alle Schwierigkeiten überwinden. Wir wollen Gott um die innere Freude bitten, denn sie ist die gefährlichste Waffe gegen den Teufel, der von seiner Natur her traurig ist. Gott bewahre uns vor Rachsucht und Haß. Wir bitten um diese Freiheit, welche die Frucht der Liebe ist. Amen.

*

Oktober 1982 *„Die Wahrheit wird euch befreien“*

Heute stehen wir am Altar Christi vor Deinem Bildnis, heiliger Maximilian, Patron des gequälten Polens. Wir sind hier, um unser Gebet an Gottes Thron zu richten, um mit Deiner Vermittlung einen Dialog mit Gott zu führen, in unserem und im Namen all dieser, die in den Internierungslagern und Gefängnissen leiden, denn sie leiden für den Kampf um Gerechtigkeit und für die Wahrheit in der Heimat. Alle tiefen Erlebnisse der vergangenen Jahre, die mit der Wahl eines Polen in der Hauptstadt Petri verbunden sind und mit seinem Besuch – dem ersten Besuch eines Papstes in der reichen Geschichte der polnischen Nation –, wie all die vielen Erlebnisse, die mit der Entstehung der „Solidarität" verbunden sind –, all das sollte uns stärken und auf das mutige Ertragen der Leiden und Demütigungen, die wir seit zehn Monaten erleben, vorbereiten.

Die Tatsache, daß Du, Pater Maximilian Kolbe, ein zeitgenössischer Märtyrer, in die Reihe der Heiligen aufgenommen wurdest, zeigt uns und bestärkt uns in der Überzeugung, daß die Macht des Bösen, der Lüge, der Mißachtung und des Hasses gegenüber dem Menschen besiegt werden muß. Du, heiliger Maximilian, bist ein Symbol des Sieges, welchen der unter der Gewalt versklavte, doch im Geist freie Mensch davonträgt.

Um geistig frei zu bleiben, muß man in der Wahrheit leben. Leben in Wahrheit bedeutet, sie zu bezeugen, zu bekennen und in jeder Situation nach ihr zu verlangen. Die Wahrheit ist unveränderlich. Die Wahrheit kann nicht mit dieser oder jener Entscheidung, mit dieser oder jener Bestimmung vernichtet werden. Unsere Sklaverei besteht hauptsächlich darin, daß wir uns der Herrschaft der Lüge unterwerfen, daß wir sie nicht entlarven und nicht tagtäglich gegen sie protestieren. Wir protestieren nicht, wir schweigen oder täuschen vor, daß wir an sie glauben. Dann leben wir in Verlogenheit. Die Wahrheit mutig zu bezeugen, ist ein Weg, der direkt zur Freiheit führt. Ein Mensch, der die Wahrheit bezeugt, ist ein freier Mensch, sogar in der Situation der äußeren Gefangenschaft; sogar in einem Internierungslager oder Gefängnis.

Würde die Mehrheit der Polen in ihrer jetzigen Lage den Weg der Wahrheit betreten, würde diese Mehrheit das nicht vergessen haben, was für sie noch vor einem Jahr die Wahrheit war, würden wir schon jetzt ein geistig freies Volk sein. Und die äußere oder politische Freiheit müßte früher oder später kommen, als Folge dieser Freiheit des Geistes und der Treue zur Wahrheit.

Eine prinzipielle Frage bei der Befreiung des Menschen und der Natur ist das Überwinden der Angst. Die Angst wird durch die Bedrohung verursacht. Wir haben Angst vor Leiden, vor dem Verlust unserer Güter, der Freiheit, Gesundheit oder Arbeitsstelle. Und dann handeln wir unserem Gewissen zuwider, und unser Gewissen ist doch ein Maßstab der Wahrheit. Wir überwinden die Angst, wenn wir mit dem Leiden oder Verlust einer Sache zugunsten höherer Werte einverstanden sind. Wenn die Wahrheit für uns zu solch einem Wert wird, daß wir bereit sind, dafür zu leiden und Risiko zu tragen, dann werden wir die Angst, die unmittelbare Ursache unserer Versklavung, überwinden. Christus hat seine Jünger oft daran erinnert: „. . . Habt keine Angst. Habt keine Angst vor denjenigen, die den Leib töten, aber nicht mehr tun können . . .“ Du, heiliger Maximilian, warst dieser Lehre Christi treu. Du hattest keine Angst, in ein fremdes Land, nach Japan, zu fahren, um dort die Wahrheit über Christus zu verkünden. Du hattest keine Angst vor Leiden und Tod. Infolgedessen lebt Dein freier Geist und bringt Früchte.

Der verstorbene Primas von Polen, Kardinal Stefan Wyszyński, der wegen der Wahrheit eingesperrt war, schrieb in seinen Gefängnisnotizen vom 5. Oktober 1954: „. . . Der größte Mangel eines Apostels ist die Furcht . . . Sie preßt das Herz zusammen und drückt die Kehle zu. Jeder, der gegenüber den Gegnern der Sache verstummt, macht sie übermütig . . . Jemanden durch Angst zum Schweigen zu zwingen, das ist die erste Aufgabe der gottlosen Strategie. . . . Das Schweigen findet nur dann einen apostolischen Ausdruck, wenn ich mein Antlitz von den Schlagenden nicht abwende . . ."*)

Wir brauchen Dich so sehr, heiliger Maximilian, als Beispiel eines Menschen, der der Furcht und Einschüchterung nicht nachgibt. Als Heiliger, den man als Patron des gequälten Polens bezeichnen kann. Denn wer von den Heiligen könnte sich mehr für sein heute versklavtes Volk einsetzen als Du, den man geschlagen und gedemütigt hat. Du, der auf geängstigte Brüder geschaut hat, die mit Dir zusammen im Gefängnis, im Lager und im Hungerbunker waren. Du, den man ohne Gerichtsurteil in ein Lager gebracht hat und das nur deshalb, weil Du zu den Söhnen gehörtest, die die Heimat und Wahrheit lieben. Du, der für den anderen Menschen gelitten hat und für ihn gestorben ist.

Für einen anderen Menschen freiwillig zu leiden, bedeutet mehr als das Leiden selbst. Solch einen Entschluß können nur innerlich freie Menschen fassen.

Heute sind hier unter uns, in unserer Kirche, sowohl solche Menschen, die die Anerkennung und Sympathie der Gesellschaft genießen, als auch einfache Arbeiter, die sich gemeldet haben, für Väter und Mütter aus fremden Familien in das Internierungslager zu gehen. Sie wollten das Kreuz für ihre Mitbrüder tragen, sie wollten wenigstens einige Familien von Leiden befreien. Leider hat man es ihnen nicht erlaubt, dieses Opfer für ihre Brüder zu bringen.

Unser Volk hat im Laufe der Geschichte vieles gelitten. Es ist auch heute noch schwer, von der schmerzhaften Vergangenheit jener grausamen Jahre der Be-

*) Vgl. „In Finsternis und Todesnot. Notizen und Briefe aus der Gefangenschaft", Herder, Wien 1983.

setzung zu reden. Aber je mehr wir uns daran erinnern, wieviel unser Volk in der Vergangenheit, unter der Haß-Besetzung, erlebt hat, um so mehr verstehen wir die Worte des Heiligen Vaters, die er während der Audienz am 11. Oktober 1982 an einige Polen gerichtet hat:

„Es ist nicht gut" – sprach der Heilige Vater mit Tränen in den Augen –, „es ist nicht gut, wenn die Landsleute zu der Heiligsprechung ihres Landsmannes mit Tränen in den Augen kommen. Denn es waren nicht die Tränen der Freude ... An sie schlossen sich manchmal auch Rufe an. Es waren nicht nur Rufe aus diesem Saal, sondern auch aus der Ferne. Und deswegen möchte ich auf diese Rufe durch euch, die ihr da seid, antworten. Ich möchte denjenigen antworten, die nicht da sind, und vor allem denjenigen, die sich in den Internierungslagern, in Gefängnissen befinden. Ich möchte denjenigen antworten, die auf irgendwelche Weise auf dem polnischen Boden leiden, und ihnen Antwort geben. Und ich möchte mich von diesem Platz aus an die Regierung der Volksrepublik Polen wenden, damit es keine Tränen mehr gibt. Die polnische Gesellschaft, mein Volk, verdient nicht, daß man es zu Tränen der Verzweiflung und Niedergeschlagenheit verurteilt, sondern daß man seine bessere Zukunft gestaltet ..."

Ja, ein Volk, das in der unmittelbaren Vergangenheit so viel gelitten hat, verdient es nicht, daß so viele seiner besten Söhne und Töchter in Internierungslagern und Gefängnissen sitzen, daß die Jugend geschlagen und mißhandelt wird, daß Kainsmorde begangen werden. Es verdient es nicht, daß man ihm wider seinen Willen die mit Blut und Leiden der Arbeiter erkaufte Unabhängige Freie Gewerkschaft „Solidarität" wegnimmt. Diese Gewerkschaft, von der der verstorbene Primas am 2. April 1981 gesagt hat, sie habe innerhalb einiger Monate mehr getan, als es die bestfunktionierende Politik hätte tun können. Ein Verband, von dem die Bischofskonferenz am 15. Dezember vergangenen Jahres gesagt hat, er sei notwendig, um das Gleichgewicht des gesellschaftlichen Lebens wiederherzustellen. Ein Verband, um dessen Reaktivierung sich bis zum letzten Augenblick der gegenwärtige Primas Polens bemüht hat, seine persönliche und kirchliche Autorität in die Waagschale werfend.

Wir sind zur Wahrheit berufen, wir sind berufen, die Wahrheit mit unserem ganzen Leben zu bezeugen. „Erkennt die Wahrheit" – ruft Christus in der eben gelesenen Perikope des Evangeliums –, „erkennt die Wahrheit, und die Wahrheit wird euch befreien!" Seien wir also der Wahrheit treu.

Heiliger Maximilian, wir beenden jetzt unsere Erwägungen und bitten Dich, sie in einem einfachen Gebet, mit den Händen der allerheiligsten unbefleckten Jungfrau Maria, der Du Dein Leben lang treu gedient hast, vor den Thron Gottes zu bringen.

Wir schließen unsere Erwägungen mit den Worten des Heiligen Vaters, die er noch als Bischof in Krakau ausgesprochen hat: „Schwach ist ein Volk, das mit seiner Niederlage einverstanden ist, schwach ist ein Volk, wenn es vergißt, daß es gesandt wurde, um zu wachen, bis seine Stunde gekommen ist. Denn die Stunden auf dem großen Zifferblatt der Geschichte kommen immer zurück."

Möge die Stunde der Wahrheit auf dem großen Zifferblatt so schnell wie möglich zurückkehren auf dem heldenhaften Zifferblatt unseres Volkes. Möge die Wahrheit den endgültigen Sieg in unserer Heimat davontragen. Amen.

*

In der Zeit des für die ganze Menschheit ruhmlosen Prozesses gegen Jesus Christus stellte Pilatus eine Frage, die immer aktuell war, ist und sein wird: „Was ist die Wahrheit?"

Für einen Christen ist die Antwort auf diese Frage recht einfach. Christus selbst hat sie uns gegeben, als er über sich selbst gesagt hatte: „Ich bin der Weg, die Wahrheit und das Leben" ... Christus also ist die Wahrheit. Und alles, was er verkündet hatte, ist die Wahrheit. Für die Lüge gab es in seinem Mund keinen Platz. Für die Wahrheit, die er mutig verkündete, opferte er sein Leben.

Die Jünger, für die Jesus Christus die einzige Wahrheit wurde, opferten für ihn ihr Leben, als sie seine Lehre mutig der Welt verkündeten.

Wahrheit und Mut sind im Leben jedes Menschen, besonders im Leben eines Christen, sehr wichtige Werte.

Ich möchte, daß wir heute versuchen, die Bedeutung dieser zwei Werte für unser Leben zu erläutern.

Die Wahrheit ist eine sehr zarte Eigenschaft der menschlichen Vernunft. Gott selbst hat dem Menschen das Streben nach der Wahrheit eingepflanzt. Daher ist dem Menschen das natürliche Streben nach Wahrheit und die Abneigung gegenüber der Lüge eigen. Die Wahrheit ist immer mit Liebe verbunden, aber die wahre Liebe ist opferbereit, und daher verlangt auch die Wahrheit nach dem Opfer. Die Wahrheit ohne Opfer ist eine Lüge.

In der Wahrheit zu leben, bedeutet, im Einklang mit dem eigenen Gewissen zu sein. Die Wahrheit verbindet die Menschen miteinander und schweißt sie zusammen. Die Größe der Wahrheit ist erschreckend und demaskiert die Lügen der kleinen, verängstigten Menschen. Seit Jahrhunderten schon dauert ununterbrochen der Kampf mit der Wahrheit an. Die Wahrheit ist jedoch unsterblich, die Lüge dagegen stirbt eines schnellen Todes. Wie der vor drei Jahren verstorbene Kardinal Stefan Wyszyński gesagt hat: „. . . man braucht nicht viele Menschen, die die Wahrheit sprechen. Christus erwählte nur wenige, die Wahrheit zu verkünden. Nur die Lüge braucht viele Worte, denn die Lüge ist kleinlich und kleinkrämerisch, sie wechselt wie die Ware auf dem Ladentisch, sie muß stets neu sein und braucht viele Diener, die sie nach einem Programm erlernen – für heute, für morgen, für den nächsten Monat. Danach findet in aller Eile die Umschulung auf neue Lügen statt. Um die Technik der programmierten Lüge zu beherrschen, braucht man viele Menschen. Aber man braucht nur einige Menschen, um die Wahrheit zu verkünden. Es reicht eine kleine Schar von Dienern der Wahrheit, um die Wahrheit zu verbreiten. Die anderen werden sie finden und aus der Ferne kommen, um die Worte der Wahrheit zu hören . . ."

Wir können nicht leichte, oberflächliche, propagandistische und mit Gewalt aufgezwungene Wahrheiten annehmen und uns mit ihnen zufriedengeben. Wir müssen lernen, die Lüge von der Wahrheit zu unterscheiden. Und das ist nicht leicht in den Zeiten, in denen wir leben, in den Zeiten, von denen ein zeitgenössischer Dichter sagte: „. . . Noch nie zuvor wurden unsere Rücken so grausam von der Peitsche der Lüge und der Falschheit gepeinigt . . ." Das ist nicht einfach, denn in den letzten Jahrzehnten hat man, von Amts wegen, Keime der Lüge, des Atheismus, der gottlosen Weltanschauung in den heimatlichen Boden ausgesät. Jener Weltanschauung, die ein kleinbürgerliches Produkt des Kapitalismus und der Freimaurerei des 19. Jahrhunderts ist. Und das alles in einem Lande, das seit 1000 Jahren im Christentum tief verwurzelt ist.

Jeder der hier Anwesenden könnte viele Beispiele

dafür anführen, was der Entwicklung der Wahrheit und der Stärkung des Zusammenlebens und der Liebe zur Heimat nicht dient. Nennen wir nur einige von ihnen:

Der Entwicklung der Wahrheit dienen nicht Lüge und unvollkommene Wahrheiten, welche von den Massenmedien verbreitet werden. Der Entwicklung der Wahrheit dient nicht die Gestaltung der Fernsehprogramme nur nach der offiziellen Propaganda der gottlosen Sittlichkeit, als ob es in Polen überhaupt keine Christen gäbe. Die gläubigen Menschen haben doch auch das Recht auf religiöse Filme, Vorträge über biblische Themen. Sie haben auch das Recht, die Tätigkeit des Papstes, der der Stolz unseres Volkes ist, im Fernsehen zu verfolgen.

Der Entwicklung der Wahrheit dient nicht die Zensur, die ihre Schärfe nicht gegen das Böse, sondern gegen das edle Gute richtet. Das bezeugt die Tatsache, daß sogar Worte des Heiligen Vaters und des Primas in den katholischen Zeitschriften herausgestrichen werden.

Der verstorbene Primas Stefan Wyszyński sagte, daß „die Chirurgie der Zeitschriften bezeichnend und eigenartig ist. Man schneidet heraus oder unterdrückt in den Texten all das, was im katholischen Sinne das Gesündeste, Stärkste und Überzeugendste ist . . . Einzig und allein der Katholik darf seine Anschauungen nicht erfolgreich verbreiten. Man verbietet ihm nicht nur, entgegengesetzte Ansichten zu bekämpfen oder sich mit ihnen auf irgendeine Weise auseinanderzusetzen, sondern er darf sogar seine eigenen oder die allgemein gängigen Überzeugungen angesichts höchst verleumderischer und verletzender Attacken nicht verteidigen. Er darf die Falschheiten, die andere in völliger Freiheit verkünden und straflos verbreiten können, nicht berichtigen . . ." Als konkretes Beispiel dafür kann die Nummer des „Tygodnik Powszechny" vom 20. 05. d. J. angeführt werden, worin die Zensur nicht weniger als 23mal eingegriffen hatte.

Der Entwicklung der Wahrheit dient nicht das Aufdrängen aller möglichen Propagandamittel der materialistischen Weltanschauung und deren Darstellung als einziger Methode zur Lösung der Arbeiterfrage. Hier möchte ich wieder eine Aussage von Kardinal Wyszyński vom Juni 1980 zitieren: . . . „Wir müssen uns dessen bewußt sein, daß sich heutzutage die Hoffnung, das Arbeiterproblem durch den Marxismus lösen zu können, verringert. Die vollkommene Unfähigkeit dieser Doktrin kommt zum Vorschein, und es stellt sich heraus, daß der Marxismus den Kapitalismus eigentlich wiederherstellt, indem er den Menschen vom Produktionssystem abhängig macht, ihn also wieder versklavt . . ."

Der Entwicklung der Wahrheit dienen weder die Lästerung und negative Darstellung aller Leistungen der „Solidarität" noch das Verwischen der Spuren von „Solidarität". Denn das Volk weiß, daß sich mit diesem Wort, von dem auch der Heilige Vater gesagt hat, daß es ein ehrenvolles Wort ist, die Hoffnungen und Sehnsüchte vieler Millionen Polen verbinden.

Der Entwicklung der Wahrheit dient nicht die Gefangenhaltung der Menschen ihrer Ansichten wegen. Hätten die Anführer der „Solidarität" und andere unserer Brüder wegen Lügen in Gefängnissen gesessen, würde dann die Kirche so viel Sorge um ihre Verteidigung aufbringen? Würde sich die Kirche wirklich um ihre Freilassung bemühen?

Der Wahrheit dienen nicht Gewalt und Demonstration der Macht. Die Gewalt ist eine Lüge, denn sie zerstört alles das, was sie angeblich verteidigt. Um einen Staat gut regieren zu können, muß man zuerst Gewalt und Lüge aufgeben, dann kehren Ruhe und Voraussetzungen, fruchtbringend bauen zu können, zurück.

Ruhe darf freilich nicht als erzwungenes Schweigen der Menschen verstanden werden.

Das Leben läßt sich nicht betrügen, so wie man auch die Erde nicht betrügen kann. Wenn man Spreu auf sie sät, wird man nur Unkraut ernten. Das christliche Evangelium ist seit Jahrhunderten fruchtbar und immer wieder aktuell, weil es die Wahrheit ist. Ideologien, die sich von Lüge und Gewalt leiten lassen, brechen zusammen, bringen üble Früchte und moralische Verwüstungen. In der Geschichte Europas und der Welt gibt es dafür genug Beispiele.

Die Hauptbedingung für die Befreiung des Menschen auf dem Wege zur Wahrheit und zum Leben in Wahrheit ist, die Tugend der Tapferkeit zu erreichen. Ein Zeichen der christlichen Tapferkeit ist der Kampf um die Wahrheit. Die Tugend der Tapferkeit ist die Überwindung der menschlichen Schwäche, besonders der Angst und der Furcht. Denn im Leben soll man nur davor Angst haben, Christus um einer trügerischen Ruhe willen für ein paar Silberlinge zu verraten.

Dem Christen aber kann allein die Verurteilung des Bösen, der Lüge, der Feigheit, der Versklavung, des Hasses und der Gewalt nicht genügen. Der Christ muß ein wahrer Zeuge, Verfechter und Verteidiger der Gerechtigkeit, des Guten, der Wahrheit, der Freiheit und der Liebe sein . . . Diese Werte muß er mutig für sich und für die anderen einfordern. „. . . Wirklich klug und gerecht kann nur der tapfere Mensch sein . . .“

Wehe der Gesellschaft, deren Angehörige die Tapferkeit nicht zum Prinzip ihres Handelns machen! Das wären keine Staatsbürger, das wären gewöhnliche Sklaven. Wenn der Bürger auf die Tugend der Tapferkeit verzichtet, wird er zum Sklaven und bereitet sich selbst, seiner Persönlichkeit, der Familie, der Berufsgruppe, dem Volk, dem Staat und der Kirche höchste Schande, selbst dann, wenn er sich von Angst und Furcht um sein tägliches Brot leiten ließe.

Aber wehe auch den Machthabern, welche die Bürger um den Preis der Einschüchterung und sklavischer Angst gewinnen wollen! . . . Wenn die Obrigkeit eingeschüchterte Bürger regiert, verliert sie ihre Autorität, verarmt das nationale und kulturelle Leben, werden auch die Werte des Berufslebens herabgesetzt.

Die Sorge um die Tapferkeit sollte daher im Interesse sowohl der Machthaber als auch der Bürger liegen. Größtenteils sind wir selbst an unserer Versklavung schuld, wenn wir aus Angst oder Bequemlichkeit das Böse akzeptieren oder seinen Mechanismus sogar unterstützen. Wenn wir aus Bequemlichkeit oder Angst den Mechanismus des Bösen unterstützen, haben wir kein Recht, das Böse zu verurteilen. Wir selbst werden zu seinen Schöpfern und helfen, es zu legalisieren.

Die Tapferkeitsprüfung haben die Arbeiter im August 1980 bestanden, und viele bestehen sie immer noch. – Tapferkeit haben die Schüler von Mietno bewiesen, als sie sich mutig der Entfernung der Kreuze aus ihrer Schule widersetzt haben. Die Tapferkeitsprüfung haben in der letzten Zeit unsere verhafteten Brüder bestanden, als sie ihre und unsere Ideale gegen den Preis der Freiheit im Ausland nicht verraten haben. Als Warnung soll uns die Tatsache dienen, daß die Nation stirbt, wenn es ihr an Mut fehlt, wenn sie, sich belügend, sagt, daß alles in Ordnung ist, aber alle wissen, daß es schlecht ist, und wenn sie sich mit unvollständigen Wahrheiten zufriedengibt. Es möge uns jeden Tag das Bewußtsein begleiten: Wenn wir nach Wahrheit verlangen, müssen wir selbst in Wahrheit leben. – Wenn wir nach Gerechtigkeit verlangen, müssen wir selbst gerecht sein. Wenn wir nach Mut und Tapferkeit verlangen, müssen wir auch tagtäglich mutig und tapfer sein. Amen.

*

Die heutige Lesung aus der Bibel lädt uns ein, uns in das Gebot der Nächstenliebe zu vertiefen und zu erkennen, daß die Liebe es verbietet, der Mißhandlung anderer Menschen gegenüber gleichgültig zu bleiben.

Die Frage, die mit der Nächstenliebe verbunden ist und besonders heute, im September, am Anfang des neuen Schuljahres aktuell ist, ist die Frage der christlichen Erziehung der Kinder und der Jugend und die Frage der Schule.

Die christliche Erziehung im polnischen Volk war immer mit der Geschichte der Heimat verbunden und hat fast alle Lebensgebiete beeinflußt. Heute darf man die Erziehung von dem, was im Laufe der tausend Jahre das Polentum bestimmt hat, nicht trennen. Niemand darf darunter einen Strich ziehen oder es deformieren. Denn das christliche Erziehungssystem, das auf Christus und seinem Evangelium beruht, hat sich schon in schwierigsten Momenten der polnischen Geschichte bewährt.

Die Zeit nach dem Zweiten Weltkrieg kann man als einen andauernden Kampf um das Monopol der atheistischen Erziehung bezeichnen, als Zeit der Ausrottung Gottes aus den Herzen der Kinder und der Jugend. Die katholische Gesellschaft Polens, zumindest ein Teil von ihr, ist sich dessen bewußt, welche moralische Schäden und Verluste sie erlitten hat, weil man gläubigen Menschen die atheistische Ersatzreligion aufzwingen wollte. Die Folgen dieser Erziehung bekommen wir tagtäglich zu spüren. Die Schule, die an dem Erziehungsprozeß teilnimmt, sollte mit den Eltern zusammenarbeiten, denn die Kinder gehören den Eltern. Nicht der Staat, sondern die Mütter haben ihre Kinder geboren. Deshalb kann die Schule diese Werte, die in die Seelen der Kinder durch ihre Familien eingepflanzt wurden, nicht vernichten.

Der verstorbene Primas Wyszyński sagte mit scharfen Worten: „Die Schule ist national und gehört dem Volk, der Familie und der Gesellschaft, und sie gehört nicht dieser oder jener Partei, Sekte oder Gruppierung, welche sich für die Nation und für den Staat mit einem ruhmlosen und sogar feindlichen und schädlichen Werk der Ausrottung des Glaubens aus den Herzen der Kinder und der Jugend befassen . . ." Trotz der Verstaatlichung muß die Schule der Familie und der Nation dienen. Sie muß in den Kindern und in der Jugend die Liebe zur Heimat und zur eigenen Kultur, die eine über tausendjährige Geschichte hat, fördern und nicht mit allen Mitteln die Errungenschaften der letzten 40 Jahre betonen, um so mehr, als die Gesellschaft diese Errungenschaften nicht sieht.

Die Schule muß die Bedürfnisse, die Kultur und Religion des Volkes berücksichtigen. Wenn sich der Staat um eine solche Schule nicht kümmert, dann müssen Eltern, Lehrer, Kinder und Jugendliche selbst die Verantwortung dafür übernehmen. Der Lehrer muß für den Schüler vor allem ein Freund sein, ein Freund, der die Wahrheit sagt und nicht nur der Macht dient. Die Lehrer müssen daran denken, daß sie die junge Generation für die Heimat, die mit ihren Wurzeln in die ruhmvolle Vergangenheit reicht, erziehen und nicht für diese oder jene zukunftslose Staatsordnung, die sich verändert.

Die Lehrer sollen nicht nur auf das achten, was „für heute" gilt, sondern auch das berücksichtigen, was den kommenden Generationen dienen soll. Ich spreche heute nicht über die religiöse Erziehung der Kinder durch die Katechese oder über die Bedeutung der Katechese für die Christen, denn für jemanden, der das Kind zu einem vollkommenen Menschen erziehen will, ist das selbstverständlich.

Die zweite Angelegenheit, die mit der Nächstenliebe verbunden ist, und die ich heute besprechen will

– das sind die Ereignisse der letzten Woche. Man kann mir vorwerfen, daß ich mich in die Politik einmische, aber in einem Lande, wo die Politik rücksichtslos jeden Bereich des gesellschaftlichen Lebens beeinflussen will, muß man um so mehr manche Probleme auch von der moralischen Seite betrachten.

Das Problem ist sehr beunruhigend, denn es handelt sich um die letzte Aussage des Regierungssprechers. Er sagte:

„. . . Manche Experten – Spezialisten des Strafrechtes – schlagen vor, die Einführung neuer Strafen in das Strafgesetzbuch zu erwägen. Dabei handelt es sich um die Entziehung der öffentlichen Rechte und die Verbannung aus Polen für solche Personen, die durch gerichtliches Urteil wegen staatsfeindlicher Tätigkeit und andauernder Verstöße gegen unsere in der Verfassung gesicherten Staatsordnungsprinzipien verurteilt wurden. Die Experten weisen darauf hin, daß solche Strafen auch in manchen kapitalistischen Gesetzbüchern vorgesehen sind.“ („Warschauer Leben“, 5. 09. 1984, Seite 2.)

Ich betone nicht die Tatsache, daß mit einer solchen Maßnahme die Macht in Polen in das frühe Mittelalter zurückkehren würde. Aber seit wann wird das kapitalistische Rechtssystem zu einem nachahmenswerten Beispiel für ein Land mit einer fortschrittlichen und humanitären Staatsordnung? Eine solche in den Köpfen von Polen entstandene Idee ist ein Verbrechen gegen die Nation. Denn der Regierungssprecher dachte dabei nicht an gemeine kriminelle Verbrecher, sondern an die besten Söhne der Heimat, die es wagen, sich mutig der Vernichtung des nationalen Geistes zu widersetzen. Der Regierungssprecher stellt weiter fest, daß – ich zitiere! – „manche außereuropäische“ Länder bereit sind, unter gewissen Bedingungen die aus Polen verbannten Personen aufzunehmen. („Warschauer Leben“, 5. 09. 1984, Seite 2.)

Es wäre vielleicht nicht schlecht, wenn diese Menschen, die auf solche Ideen gekommen sind, ihre eigenen Verbindungen mit der Heimat, ihren Patriotismus überprüft hätten. Und vielleicht . . . hätte das Volk nichts dagegen, wenn dann sie in die Verbannung gegangen wären.

Niemand hat also das Recht, den anderen seiner Heimat, in der er seit Generationen verwurzelt ist, zu berauben. Diese zwei schwierigen und zugleich sehr wichtigen Fragen wollen wir in unseren Gebeten Gott anvertrauen und in unseren Gedanken in den kommenden Wochen erwägen. Amen.

*

Oktober 1984 *„Besiege das Böse durch das Gute"*

Der Heilige Vater Johannes Paul II. betete am 23. Juni 1982 zur Mutter Gottes von Tschenstochau mit folgenden Worten: „O Mutter meines Volkes, hilf, damit es sich durch das Böse nicht besiegen läßt, sondern daß es das Böse durch das Gute besiegt. Darauf beruht die gegenwärtige Probe der Geschichte. Nicht die erste. In jeder von ihnen werden das Gewissen, das Herz und der Wille geprüft, damit man sich durch das Böse nicht besiegen läßt, sondern daß man das Böse durch das Gute besiegt. Ich danke Dir, o Mutter, für alle, die so handeln, die in ihrem Gewissen, Herzen und Willen Kräfte sammeln, um trotz Erfahrungen des Leidens das Gute zu vermehren und zu festigen. Ich danke Dir für alle, die ihrem Gewissen treu bleiben, die mit ihren eigenen Schwächen kämpfen und andere bestärken. Ich danke Dir für alle, die sich vom Bösen nicht besiegen lassen, sondern das Böse durch das Gute besiegen."

Menschenwürde und Freiheit

Das Böse kann nur derjenige besiegen, der das Gute in Fülle hat und sich um seine Entwicklung und um sein Reichwerden durch diese Werte, die von der menschlichen Würde eines Gotteskindes zeugen, sorgt. Das Gute vermehren und das Böse besiegen heißt, sich um die menschliche Würde bemühen. Heutzutage muß man sehr viel über die Würde des Menschen sprechen, um zu verstehen, daß der Mensch außer Gott alles überragt, was in dieser Welt existiert. Der Mensch steht über der Weisheit der ganzen Welt. Die Würde bewahren, um das Gute zu vermehren und das Böse zu besiegen, heißt, innerlich frei zu bleiben – sogar unter den Umständen äußerer Unfreiheit. Es heißt, in jeder Lebenssituation immer derselbe zu bleiben. Als Söhne Gottes können wir keine Sklaven sein. Die Gotteskindschaft birgt in sich das Erbe der Freiheit. Die Freiheit ist dem Menschen gegeben als Maß seiner Größe. Echte Freiheit ist die erste Eigenschaft des Menschseins. Sie wurde uns von Gott gegeben. Sie wurde aber nicht nur uns, sondern auch unseren Brüdern geschenkt. Daher sind wir verpflichtet, sie einzufordern, wo sie ungerechtfertigt beschränkt ist. Aber Freiheit ist nicht nur eine Gabe Gottes, sie ist auch eine lebenslange Aufgabe für uns. Bitten wir Christus, unseren Herrn, daß wir tagtäglich die Würde eines Gotteskindes bewahren können.

Gerechtigkeit

Die Würde bewahren, um das Gute vermehren und das Böse besiegen zu können, das heißt, sich im Leben nach der Gerechtigkeit zu richten. Die Gerechtigkeit hat ihren Ursprung in der Wahrheit und in der Liebe. Je mehr Wahrheit und Liebe in einem Menschen ist, desto gerechter ist er. Die Gerechtigkeit muß zusammen mit der Liebe gehen, weil man ohne Liebe nicht vollkommen gerecht sein kann. Wo es an Liebe und am Guten fehlt, da treten an ihre Stelle Haß und Gewalt; wo aber nach Haß und Gewalt gehandelt wird, kann von Gerechtigkeit nicht mehr die Rede sein. Daher ist die Ungerechtigkeit besonders sichtbar in den Ländern, wo die Herrschaft nicht auf dem Dienst und der Liebe beruht, sondern auf Gewalt und Versklavung.

Für einen Christen ist es sehr wichtig, sich im klaren zu sein, daß Gott selbst die Quelle der Gerechtigkeit ist. Daher ist es sehr schwer, dort von Gerechtigkeit zu sprechen, wo für Gott und seine Gebote kein Platz ist, wo das Wort „Gott“ behördlich aus dem Leben des Volkes eliminiert ist. Man muß sich des Unrechts und des Leids bewußt sein, das unserem in seiner großen Mehrheit christlichen Volk angetan wird, indem man es mit von ihm erwirtschaftetem Geld atheistisch macht, indem man in den Seelen der Kinder und der Jugend die christlichen Werte vernichtet, die diesen von den Eltern in die Wiege mitgegeben wurden; Werte, die sich in den vielen Prüfungen unserer tausendjährigen Geschichte bewährt haben. Alle, ohne Ausnahme, haben die Pflicht, Gerechtigkeit zu verlangen und zu tun, denn „die Zeiten sind schlecht, wenn die Gerechtigkeit den Mund voll Wasser hat und schweigen muß“, sagt ein Denker des Altertums.

In diesem Moment sollte eigentlich jeder von uns sein Gewissen fragen, inwieweit er selbst Schöpfer der Gerechtigkeit ist: in bezug auf sich selbst, auf seine Familie und Umgebung, denn öfters inspiriert schon unsere moralische Passivität allein die Ungerechtigkeit, und auf diese Weise wird das Böse vermehrt.

Die Wahrheit

Das Gute vermehren und das Böse besiegen, heißt, sich im Alltag nach der Wahrheit richten. Die Wahrheit ist eine zarte Eigenschaft unserer Vernunft. Das

Streben nach der Wahrheit hat Gott selbst dem Menschen eingepflanzt; daher steckt in dem Menschen das natürliche Streben nach Wahrheit und die Abneigung gegenüber der Lüge. Wahrheit und Tapferkeit sind sehr wichtige Werte im Leben jedes Menschen, insbesondere eines Christen. Die Wahrheit verbindet sich ähnlich wie die Gerechtigkeit mit der Liebe, und die Liebe hat ihren Preis. Die wahre Liebe ist opferbereit, und daher verlangt auch die Wahrheit nach dem Opfer. In Wahrheit leben, bedeutet, mit dem eigenen Gewissen im Einklang zu sein. Die Wahrheit verbindet die Menschen miteinander und schweißt sie zusammen. Die Größe der Wahrheit ist erschreckend, sie demaskiert die Lügen der kleinen verängstigten Menschen. Der Kampf gegen die Wahrheit dauert schon seit Jahrhunderten an. Die Wahrheit ist unsterblich, und die Lüge stirbt eines schnellen Todes. Daher, so sagte einmal der verstorbene Kardinal Wyszyński, braucht man nicht viele Menschen, die die Wahrheit sprechen. Christus erwählte nur einige wenige, die Wahrheit zu verkünden.

Man kann sich im Leben nicht mit einfachen, oberflächlichen und aufgezwungenen Wahrheiten zufriedengeben. Wir müssen lernen, die Lüge von der Wahrheit zu unterscheiden. In der Zeit, in der wir leben, ist das nicht leicht. Es ist nicht leicht in Zeiten, von denen ein zeitgenössischer Dichter sagte: „Noch nie zuvor wurden unsere Rücken so grausam von der Peitsche der Lüge und der Falschheit gepeinigt.“ Es ist nicht leicht heute, wo die Zensur besonders in den katholischen Zeitschriften wahre Worte und mutige Gedanken wegstreicht, wo die Worte des Primas, des Heiligen Vaters und sogar Worte aus der Heiligen Schrift herausgestrichen werden. Es ist nicht leicht heutzutage, wo in den letzten Jahrzehnten auf die heimatliche Erde Samen der Lüge und des Atheismus gesät wurden. Es ist die Pflicht des Christen, treu zur Wahrheit zu stehen, selbst dann, wenn es viel kosten sollte, denn die in Worten ausgesprochene Wahrheit kostet viel. Nur die Spreu kostet nichts. Für das Weizenkorn der Wahrheit muß man manchmal bezahlen. Schon der Dichter Novalis sagte: „Der Mensch stützt sich auf die Wahrheit, wenn er aber die Wahrheit verrät, verrät er sich selbst." Die Lüge erniedrigt den Menschen und war immer die Eigenschaft der Sklaven oder kleinlichen Menschen. Der Heilige Vater rief im Februar vergangenen Jahres: „Du bist kein Sklave, du darfst nicht ein Sklave sein, du bist der Sohn." Das Leben läßt sich nicht betrügen, so wie sich auch die Erde nicht betrügen läßt; wenn man die Spreu aussät, erntet man nur Unkraut.

Das Evangelium Christi ist schon jahrhundertelang so fruchtbar, weil es die reine Wahrheit ist. Ideologien, die sich der Lüge und Gewalt bedienen, müssen verklingen. Sie bringen üble Früchte und moralische Verwüstung, auch wenn sie erhabene Losungen verkünden. Es gibt dafür genug Beispiele in der Geschichte Europas und in der Weltgeschichte.

Tapferkeit

Um die Wahrheit zu gewinnen und zugleich das Böse, welches die Lüge ist, zu besiegen, benötigt der Mensch die Tugend der Tapferkeit. Die Tugend der Tapferkeit bedeutet die Überwindung der menschlichen Schwäche, besonders der Angst und der Furcht. Der Christ muß sich dessen bewußt sein, daß er nur davor Angst haben muß, Christus um einer leeren Ruhe willen für ein paar Silberlinge zu verraten. Es lohnt, sich diesen Satz zu merken. Man muß nur davor Angst haben, Christus für ein paar Silberlinge zu verraten, nur um einer leeren Ruhe willen. Dem Christen kann aber allein die Verurteilung des Bösen, der Lüge, der Feigheit, der Versklavung, des Hasses und der Gewalt nicht genügen. Er muß wahrer Zeuge, Verfechter und

Verteidiger der Gerechtigkeit, des Guten, der Wahrheit, der Freiheit und der Liebe sein. Diese Werte muß er mutig für sich und für die anderen einfordern.

„Wirklich klug und gerecht kann nur der tapfere Mensch sein", sagte der Heilige Vater. „Wehe der Gesellschaft", rief der von mir vorher zitierte Primas des Jahrtausends, Kardinal Stefan Wyszyński, aus, „wehe der Gesellschaft, deren Angehörige die Tapferkeit nicht zum Prinzip ihres Handelns machen. Das wären keine Staatsbürger, das wären gewöhnliche Sklaven." Die Sorge um Tapferkeit sollte daher im Interesse sowohl der Macht als auch der Bürger liegen.

Es ist notwendig, daß wir uns im alltäglichen Leben dessen bewußt sind, daß wir selbst in Wahrheit leben müssen, wenn wir von den anderen die Wahrheit einfordern, daß wir selbst gegenüber den Nächsten gerecht handeln müssen, wenn wir Gerechtigkeit fordern, daß wir selbst tapfer und mutig sein müssen, wenn wir Mut und Tapferkeit fordern.

Der Heilige Vater hat während seiner Visite in Krakau im vergangenen Jahr uns an die Worte des Psalms erinnert, welche für uns ein Wegweiser, besonders in den schweren Tagen der Versklavung des Volkes sein sollen: „Der Herr ist mein Hirt, möge ich durch das dunkle Tal gehen, werde ich das Böse nicht fürchten, denn Du bist mit mir." Wir werden das Böse nicht fürchten. Allmählich werden wir das Böse ausrotten – aus unserem persönlichen, familiären und gesellschaftlichen Leben. Das wird uns gelingen, wenn wir im Alltag stark im Glauben, in der Hoffnung und in der Liebe den Weg der Wahrheit und der Gerechtigkeit beschreiten und dabei die innere Freiheit und Würde bewahren. Wir werden das Böse nicht fürchten, wenn wir im Alltag in uns selbst, in unseren Familien und in der Heimat die Solidarität des Herzens und des Geistes bauen werden. Wir werden das Böse nicht fürchten, wenn Jesus Christus selbst und seine Lehre zu unserem Weg, Leben und unserer Wahrheit werden. Amen.

Der Leidensweg des Jerzy Popieluszko

Bedrohung

In einem bereits Ende 1983 verfaßten Brief hat Priester Jerzy Popieluszko Gründe dargelegt, die ihn dazu bewogen hatten, sich ganz in den Dienst der Wahrheit zu stellen und die Seelsorge an jenen Menschen zu übernehmen, die an den politischen Verhältnissen ihres Landes verzweifeln.

Der damalige Brief gewinnt nach seinem Tod testamentarischen Charakter.

„Die Situation der Kirche wird immer die gleiche sein wie die Situation der Menschen. Die Kirche, das ist nicht nur die kirchliche Hierarchie, sondern das ganze Gottesvolk, das sind jene Millionen Menschen, die getauft sind und im weiteren Sinne die Kirche bilden. Wenn daher die Menschen verfolgt werden, bekommt das im Alltag auch die Kirche zu spüren.

Die Aufgabe der Kirche besteht darin, bei den Menschen im Alltag zu sein und an ihrer Freude, ihren Leiden und ihrem Schmerz teilzuhaben. Natürlich müssen unser Primas und die Bischöfe das Schicksal aller Menschen im Auge haben. Das zwingt sie manchmal dazu, auf hoher Ebene sehr diplomatisch zu sein. Wo es möglich ist, wollen sie die Menschen vor Leiden und Mißhandlungen bewahren. Das führt dann manchmal zu Mißverständnissen. Mancher wünscht, daß die Kirche entschiedener gegen die Regierung Stellung bezieht. Aber das ist nicht die Aufgabe der Kirche.

Die Kirche verlangt immer wieder, daß die Menschenwürde geachtet wird und die Gefangenen freigelassen werden. Dank der Kirche und des von ihr eingerichteten Gefangenenhilfe-Komitees wurde den am meisten Verfolgten tatsächlich geholfen. Dies legt wohl das beste Zeugnis dafür ab, daß die Kirche in der Zeit des Kriegszustands ihre Aufgaben und ihre Mission erfüllt hat.

Ob die Erklärung des Kriegszustands die Lage der Gesellschaft verändert hat? Zu diesem Thema habe ich mich eindeutig mehrmals von der Kanzel herab geäußert. Ende Juli habe ich z. B., mich auf die offiziellen Aussagen der Kirche beziehend, festgestellt, daß man bei der Aufhebung des Kriegszustands, nach der die Bischöfe so oft verlangt haben, eine Möglichkeit der Versöhnung mit dem Volk nicht ausgenutzt hat. Die Amnestie wurde leider allzu einseitig gehandhabt. Doch das Volk hat das Recht zu erwarten, daß mit der Amnestie alle Verstöße gegen das Kriegsrecht in Vergessenheit geraten werden, daß das angetane Unrecht, vor allem das moralische, wieder gutgemacht wird. Unsere demokratisch gewählten Brüder, hinter denen Millionen Polen stehen, bleiben aber weiterhin in Gefängnissen. Andere, die unter die Amnestie fielen, mußten Erklärungen unterschreiben, deren Inhalt mit ihrem Gewissen nicht im Einklang steht; so handelt es sich nur um eine bedingte Amnestie. Auch der Heilige Vater hat sich zum Thema der Gewissensfreiheit geäußert. Das Gewissen ist ein so großes Heiligtum, daß Gott selbst die menschlichen Gewissen nicht beschränkt. So ist das Einschränken des Gewissens durch solche erpreßte Erklärungen ein Verstoß gegen das Gottesrecht. Die Aufhebung des Kriegszustands ist mit so vielen neuen Anordnungen verbunden, daß der Durchschnittspole den Eindruck bekommt, daß die teilweise von den Händen gelösten Fesseln jetzt immer mehr die Seelen und Gewissen einengen. Die neuen Gesetze beschränken noch mehr die Freiheit der Menschen. Bedauerlicherweise wurde die Chance, sich zu versöhnen und eine Lösung der schwierigen Situation zu finden, nicht wahrgenommen.

Wie kann man sich die Zukunft vorstellen? – Das habe ich schon am Anfang gesagt: Die Zukunft der Kirche wird immer die gleiche sein wie die Zukunft der

„. . . ich bin überzeugt, daß das, was ich tue, richtig ist . . . deswegen bin ich auf alles gefaßt.“

Gesellschaft der Menschen. Aufgabe der Kirche ist es, bei den Menschen zu sein in ihrer guten und in ihrer schlimmen Lage, und ich denke, die Kirche wird diese Mission und Aufgabe nie aufgeben. Für die Zukunft ist es aber wichtig – der Primas hat mehrmals darauf hingewiesen –, daß die Menschen ihr nationales, religiöses und gesellschaftliches Bewußtsein entwickeln. Es wäre notwendig, Vorlesungen in Berufsethik für die breite Masse zu veranstalten. Das ist eine wichtige Angelegenheit, und die Kirche sollte sich daran beteiligen. Sollte es zu einem Aufstand der Menschen für die Freiheit kommen, würde man die Zeit für unwichtige

Angelegenheiten nicht verlieren müssen. Es geht darum, daß sich die Menschen dessen bewußt sind, was in der gegebenen Situation von Bedeutung ist, was man nicht aufgeben darf und worauf man zu gegebener Zeit verzichten kann.

Wie ist die Stimmung in der Gesellschaft? – Das ist schwer zu sagen, aber die Gesellschaft ist sicher nicht gegen die starke Opposition, der sich die Mehrheit anschließt . . . Es gab schon immer Leader, die sich für eine Sache eingesetzt haben und die für ihren Einsatz teuer bezahlen mußten, damit im geeigneten Augenblick jene Millionen von Menschen, welche scheinbar auf niemandes Seite standen, das unterstützten, was richtig war.

Was tue ich? – Am 29., eigentlich am Sonntag, dem 30. August 1980, schickte der inzwischen verstorbene Primas Kardinal Wyszyński seinen Kaplan zu mir, der mich bat, in die Stahlhütte von Warschau zu fahren, wo gerade ein Streik zur Unterstützung der Hafenarbeiter von Danzig stattfand. In der Hütte sollte ich die heilige Messe lesen. Ich habe zusammen mit den Hüttenarbeitern ihre Sorgen und Ängste erlebt. Diesen Leuten, die bis an die Grenze menschlicher Erschöpfung ermüdet, auf den Pflastersteinen knieten, habe ich die Beichte abgenommen. Diese Menschen haben verstanden, daß sie stark sind, daß sie in der Einheit mit Gott und der Kirche stark sind. Und damals entstand bei mir das Bedürfnis, bei ihnen zu bleiben. Und immer, wenn ich etwas beginne, bemühe ich mich, entweder es sehr seriös anzufassen und mich mit ganzem Herzen zu engagieren, oder es sein zu lassen. Ich blieb bei diesen Menschen. Ich war bei ihnen in der Zeit des Triumphes, und sie sind mir dafür dankbar. Ich war bei ihnen während der schwarzen Dezembernacht. Zusammen mit den Angehörigen der Familien ging ich zu den Gerichtsverhandlungen. Ich saß in den ersten Bänken, und die Angeklagten wußten, daß ihre Familien betreut werden. Sie schrieben mir aus dem Gefängnis, daß sie von meinen Gebeten wußten und daß diese Gebete für sie hilfreich sind. Seit dieser Zeit sind in mein Haus und in die Kirche viele Menschen gekommen. Besonders stark wird die ‚Heilige Messe für die Heimat' (und alle, die für sie leiden,) besucht. Diese einmal im Monat abgehaltenen Messen sind sehr populär geworden. In den Predigten spreche ich darüber, was die Leute denken und worüber sie reden. Oft sind das sehr persönliche Angelegenheiten, weil sie manchmal entweder keinen Mut oder keine Möglichkeit haben, sich laut aussprechen zu können. Ich spreche, weil ich der Meinung bin, daß ich jene Wahrheit sage, die den Menschen bekannt sein sollte. Die Wahrheit, die ich in der Kirche ausspreche, hat zur Folge, daß die Leute Vertrauen zu mir schöpfen. Ich spreche das aus, was sie fühlen und denken. Wie unentbehrlich das ist, beweisen viele Bekehrungen. Viele Leute, die jahrelang in keiner Kirche mehr waren, fassen endlich den Mut und kommen zu mir, legen die Beichte ab, bitten mich um die heilige Kommunion. Das ist ein großes Erlebnis sowohl für mich als Priester als auch für diese Menschen. Sie haben sich nicht getraut, zu einem anderen zu gehen. Sehr oft beginnt der Prozeß der Bekehrung zu Gott und zur Kirche mit der Einnahme einer patriotischen Einstellung. Gott kann eben verschiedene Wege zur Bekehrung wählen.

Ich bekomme einen Berg von Briefen, in denen die Leute schreiben, daß diese monatlichen Treffen während der ‚Messen für die Heimat' eine Hilfe für sie sind, die Hoffnung zu bewahren und sich vom Haß zu befreien, der wider Willen in ihnen gewachsen ist. Das ist eine sehr große Belohnung für einen Priester, der im Grunde genommen kein Privatleben hat.

Im Kampf gegen mich versuchten die Behörden oftmals einen Druck auf die Kurie, auf den Bischof auszu-

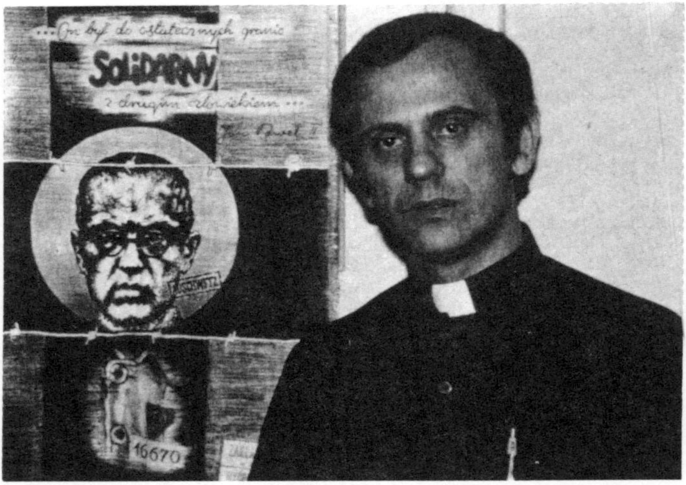

Die nationalen Märtyrer – den ersten haben die Nationalsozialisten in Auschwitz umgebracht – Maximilian Kolbe –, den zweiten seine eigenen Landsleute, Beamte aus dem polnischen Innenministerium.

üben. Man schrieb Briefe, in denen man ausgedachte Vorwürfe formulierte. Ich erinnere mich, daß im Mai ein von einem Milizgeneral unterschriebener Brief dort ankam, in dem mir vorgeworfen wurde, ich hätte am 13. Mai in der Heiligen Kreuz-Kirche eine Messe gelesen und in der Predigt Formulierungen gebraucht, die für den heiligen Raum unpassend seien. Am 13. Mai saß ich zur angegebenen Zeit in meiner Kirche im Beichtstuhl. In der Heiligen Kreuz-Kirche habe ich nie in meinem Leben eine Messe gelesen. Man nutzt jede Gelegenheit, einen Priester sogar mit ausgedachten Lügen vor seinem Bischof anzuklagen. Warum auch nicht?

In letzter Zeit hat die Staatsanwaltschaft eine Information in ihrer internen Presse verbreitet, in der es heißt, sie habe gegen mich wegen Mißbrauchs der Freiheit des Gewissens und Glaubens ein Verfahren eingeleitet. Wie kann man denn die Freiheit des Gewissens mißbrauchen? Die Freiheit des Gewissens kann man beschränken, aber man kann sie keinesfalls mißbrauchen. Das ist unmöglich, und deswegen sind diese Beschuldigungen sinnlos, obwohl ich mir im klaren bin, daß man für die Wahrheit zu leiden hat. Wenn es Menschen gibt, die trotz ihrer Verantwortung für ihre Familien und Kinder in Gefängnissen leiden, wieso sollte ich als Priester nicht mit ihnen gemeinsam leiden?

Deswegen wollen mich die Behörden weiterverfolgen; es gab schon solche Versuche, eigentlich sehr primitive, und sie werden sich sicher wiederholen. Z. B. klingelte es in der Nacht vom 13. auf den 14. Dezember 1982 um zwei Uhr an meiner Wohnungstür. Ich bin nicht aufgestanden. Nach einigen Augenblicken erfolgte eine Explosion. Jemand hatte einen Ziegelstein zusammen mit Sprengstoff in meine Wohnung geworfen. Dabei wurden zwei Fenster eingeschlagen, und das im Winter. Zweimal gab es fingierte Einbrüche. Ich werde rund um die Uhr überwacht. Auf einer Reise nach Danzig wurde ich festgenommen und acht Stunden in einem Milizamt eingesperrt. Mein Fahrer wurde 50 Stunden eingesperrt. Das sind alles ziemlich primitive Versuche, mich einzuschüchtern. Aber es gibt Dinge, die wichtiger sind, und ich bin überzeugt, daß das, was ich tue, richtig ist. Und deswegen bin ich auf alles gefaßt."

Entführung und Ermordung

Am Freitag, dem 19. Oktober 1984, hielt sich Jerzy Popieluszko in Bromberg auf. In der Pfarre der Heiligen Polnischen Märtyrerbrüder las er die Abendmesse und betete nachher mit den dort versammelten Gläubigen den Rosenkranz. Nach der Messe, um etwa 20.00 Uhr, folgte er der Einladung der Gläubigen und

„Beten wir dafür, daß wir frei sind von Angst, von Einschüchterung, vor allem aber von Rachegefühlen und von Gewalt.“ (Popieluszko während seiner letzten Messe in Bromberg).

ging mit ihnen in den Pfarrsaal. Dort antwortete er auf ihre Fragen und erzählte unter anderem von seiner pastoralen Tätigkeit in Warschau. Am späten Abend fuhr er mit seinem Chauffeur Waldemar Chrostowski nach Warschau zurück. Kurz nachdem der Wagen des Priesters anfuhr – erinnerte sich später während des Prozesses der Pfarrer, auf dessen Einladung Jerzy Popieluszko nach Bromberg gekommen war –, folgte ihm ein anderes Auto, das schon früher mit laufendem Motor vor dem Pfarrhaus in Bromberg stand. Um etwa 22.00 Uhr, an einem stark bewaldeten Abschnitt der Straße in der Nähe der Ortschaft Przysiek, überholte das nachfahrende Auto den VW Golf von Popieluszko. Einer der im Wagen sitzenden Männer gab mit rotem Licht einer Taschenlampe Zeichen zum Anhalten. Der Einer der im Wagen sitzenden Männer gab mit dem Rotlicht einer Taschenlampe Zeichen zum Anhalten. Der VW Golf hielt an. Ein uniformierter Polizist und ein Zivilist stiegen aus und kamen auf den VW Golf zu. Der Uniformierte forderte den Fahrer Chrostowski auf auszusteigen mit der Begründung, er solle sich einem Alkoholtest unterziehen. In dem Polski Fiat der Polizei wurde Chrostowski der Beifahrerplatz zugewiesen. Als er sich hingesetzt hatte, legte ihm der Fahrer Handschellen an. Zu gleicher Zeit setzte sich der uniformierte Polizist hinter Chrostowski, knebelte ihn und gab dem Chauffeur eine geladene Pistole. Dieser legte sie Chrostowski an den Nacken mit den Worten: „Keine Bewegung, sonst wirst du sterben!“ Der uniformierte Polizist stieg aus dem Fiat und ging zu dem VW Golf, in dem Jerzy Popieluszko alleine saß. Zusammen mit dem Zivilisten, der inzwischen die Reifen des VW überprüfte, erklärte er dem Priester, daß es sich in seinem Fall um eine Identitätskontrolle handle. Jerzy Popieluszko stieg aus seinem Wagen aus und näherte sich mit den beiden Männern dem Fiat. Er weigerte sich jedoch, in das Auto einzusteigen. Da stieß ihn einer der Männer kräftig in Richtung Kofferraum des Wagens und schlug ihm mehrmals mit einem Holzknüppel auf den Kopf. Den Bewußtlosen fesselten sie und hoben ihn in den Kofferraum des Fiat. Dann stiegen sie ein und fuhren schnell davon. Im Auto banden sie Chrostowski noch eine Schnur über den Knebel und sagten dazu: „Damit du auf deinem letzten Weg nicht schreist!“

Nach einigen Kilometern, noch in der Nähe der Ortschaft Przysiek, gelang es Chrostowski trotz der Handschellen, die Wagentüre aufzumachen und bei einer Geschwindigkeit von über 80 km/h aus dem Fiat zu springen. Beim Sturz öffnete sich eine der Handschellen, und der nur leicht verletzte Chrostowski konnte aufstehen. Die Entführer versuchten nicht, ihn einzufangen, sondern fuhren weiter. Chrostowski bat zwei Motorradfahrer um Hilfe, die am Straßenrand ihre Maschine reparierten. Sie verweigerten ihm aber die

Die „erste Station" ... Viele vorbeifahrende Menschen halten zu einem kurzen Gebet an.

Hilfe mit der Begründung, daß ihr Motorrad kaputt sei. Sie verwiesen ihn auf ein etwa 150 Meter entferntes hell beleuchtetes Gebäude, ein Arbeiterwohnheim. Von dort aus rief Chrostowski die Rettung und die Polizei an.

In der Zwischenzeit fuhren die Entführer mit dem Priester Popieluszko nach Thorn. Unterwegs bemerkten sie, daß sich die Klappe des Kofferraumes bewegte. Sie vermuteten, daß Popieluszko zu sich gekommen war und versuchte, sich zu befreien. Bei der Einfahrt in die Stadt hörten sie plötzlich laute Geräusche am Motor des Wagens. Um diese zu beseitigen, blieben sie am nächstbesten Parkplatz – in der Nähe eines Hotels – stehen. Alle drei Männer stiegen aus dem Wagen. Der Chauffeur hatte irrtümlich von innen nicht nur die Motorhaube, sondern auch den Kofferraum geöffnet. Jerzy Popieluszko, der sich inzwischen von dem Knebel und den Fesseln befreit hatte, sprang aus dem Kofferraum, entfernte sich etwa 10 Meter und schrie: „Hilfe! Laßt mich am Leben! Hilfe!" Da lief ihm einer der Täter nach und schlug ihm wieder mehrmals den Holzknüppel über den Kopf. Bewußtlos fiel Popieluszko zu Boden. Dem liegenden Priester fesselten die Täter Hände und Füße. Sie knebelten ihn und banden, um den Knebel zu sichern, noch ein Plastikseil um seinen Kopf. Dann warfen sie ihn wieder in den Kofferraum. Schnell behoben sie den Schaden an ihrem Wagen, indem sie statt dem verlorengegangenen Ölverschluß ein Handtuch um den Ölstutzen wickelten. Rasch wechselten sie auch das Nummernschild des Wagens und fuhren in Richtung Wloclawek weiter.

Nach einiger Zeit bemerkten sie, daß sich Popieluszko im Kofferraum wieder bewegte. So beschlossen sie, in den naheliegenden Wald hineinzufahren. Ehe sie aber einen Waldweg fanden, kauften sie noch Öl an einer Tankstelle, an der sie gerade vorbeifuhren. Dann bogen sie in den Wald ein. Sie fuhren sehr langsam, und zwei von ihnen setzten sich auf den Kofferraumdeckel, so daß sich der gefesselte Priester nicht mehr bemerkbar machen konnte. Nach einer Weile hielt der Wagen an. Die Täter öffneten den Kofferraum, und einer von ihnen schlug den liegenden Priester mehrmals kräftig mit einem Holzknüppel. Dann legten sie ihn auf eine speziell zu diesem Zweck gekaufte Decke; als sich der Priester wieder bewegte, schlugen sie ihn nochmals kräftig und verstärkten die Fesseln an den Füßen und Händen. Nachdem sie ihn wieder in den Kofferraum gelegt hatten, fuhren sie zur Hauptstraße zurück und setzten ihre Fahrt in Richtung Wloclawek fort. Nach einigen Minuten fuhren sie jedoch wieder in den Wald hinein. Den Priester, der noch lebte, legten sie auf den Boden. Sie befestigten an den nach hinten gezogenen Beinen einen Sack mit Steinen und an den Füßen eine Schnur, deren Ende als Schlinge um seinen Hals gelegt wurde. Damit erreichten sie, daß sich der Priester nicht ausstrecken konnte, denn jede Bewegung der Beine verursachte, daß sich die Schlinge am Hals enger zog.

Anstelle des Knebels steckten sie dem gefesselten Priester Verbandsmull tief in den Mund hinein. Darauf hoben sie den Kopf des Bewußtlosen und klebten drei Streifen Leukoplast über den Mund und um den Kopf herum, so daß der ganze Mund dicht verklebt war. Den so gefesselten Priester warfen sie dann ein paar Kilometer weiter von einer Staumauer in die dort aufgestaute Weichsel. Auf der Weiterfahrt nach Warschau verbrannten sie noch die Autopapiere des Fahrers von Jerzy Popieluszko. Die Gegenstände, die sie bei der Entführung gebraucht hatten, gaben sie in einen Sack und warfen ihn in den kleinen Tscherniakowskisee. Dann trennten sie sich.

In der Zwischenzeit fand die bereits von Chrostowski verständigte Polizei der Ortschaft Przysiek das Auto des entführten Priesters. Gleichzeitig begann eine Polizeieinheit, den umliegenden Wald zu durchsuchen. Am gleichen Tag wurde noch festgestellt, daß das Auto, welches dem Pfarrer aus Bromberg aufgefallen war, dem Innenministerium gehörte. Die weitere Untersuchung ergab, daß dieses Auto am 19. Oktober 1984 von drei Beamten des Innenministeriums benutzt worden war. Das waren der Polizeihauptmann Grzegorz Piotrowski, Oberleutnant Leszek Pekala und Oberleutnant Waldemar Chmielewski. Alle drei wurden am 23. Oktober verhaftet. Sie zeigten die Stelle, an der sie den entführten Priester in die Weichsel geworfen hatten. Nach einigen Tagen wurde von Froschmännern die übel zugerichtete Leiche des ermordeten Priesters im Stausee bei Wloclawek gefunden. Sie lag am Boden des Sees in einer Tiefe von etwa drei Metern.

Die Obduktion des Leichnams wurde im Gerichtsmedizinischen Institut der Medizinischen Fakultät in Allenstein durchgeführt. Am 31. Oktober 1984 gaben die sachverständigen Ärzte die Todesursache bekannt: Die an dem Körper festgestellten Verletzungen, zahlreiche und tiefe mit Blut unterlaufene Stellen des unter der Haut befindlichen Gewebes und der Muskeln, besonders an Kopf, Hinterkopf, Hals, Nacken und beiden Schultern sowie an der Nase deuten darauf hin, daß das Opfer mit einem mit Fetzen umwickelten Knüppel oder mit Fäusten geschlagen wurde. Die Schläge wurden mehrmals mit großer Kraft und oft auch auf dieselben Stellen versetzt, so daß das Opfer einige Male ohnmächtig geworden sein mußte. Der Tod trat jedoch infolge der Erdrosselung ein und wurde durch das mehrmalige Knebeln und den Druck der Schlinge bewirkt, die um den Hals und hinten zu den Füßen lief. Weiter wurde festgestellt, daß sich das Opfer mit dem von der Nase in die Mundhöhle fließenden Blut verschluckt haben mußte. Das Blut floß auch aus vielen Wunden innerhalb der Mundhöhle, welche infolge des Knebelns entstanden waren, in die Kehle. Die Sachverständigen haben festgestellt, daß Jerzy Popieluszko mit großer Sicherheit bereits tot war, als man ihn ins Wasser warf.

Dem Wunsch der Eltern Jerzy Popieluszkos gemäß wurde die Leiche des ermordeten Priesters der Warschauer Pfarrei zum Heiligen Stanislaus Kostka übergeben. In Anwesenheit der Vertreter der Warschauer Erzdiözese und zahlreich versammelter Geistlicher und Gläubiger feierte der Bischof von Allenstein, Edward Kisiel, noch in der Spitalkapelle die heilige Messe. Nach dem Gottesdienst wurde der Sarg mit der Leiche Jerzy Popieluszkos nach Warschau transportiert. Tausende Einwohner der Stadt Allenstein nahmen kniend Abschied von dem ermordeten Priester. Der Trauerzug wurde von fast allen Taxifahrern von Allenstein bis zu der Stadtgrenze begleitet. Unterwegs nach Warschau, überall, wo sich der Trauerzug näherte, blieben die Fahrzeuge stehen, und Menschen knieten nieder, um dem Ermordeten die letzte Ehre zu erweisen.

Dem Wunsch Tausender von Gläubigen und der Familie entgegenkommend, bewilligte Kardinal Josef Glemp die Beisetzung des ermordeten Priesters in seiner Pfarrkirche. Am Tage, an dem der Sarg mit dem Leichnam des Priesters in Warschau eintreffen sollte, versammelte sich dort eine große Menschenmenge zu gemeinsamem Gebet. Seit bekannt wurde, daß Pater Popieluszko nicht mehr am Leben ist, wurde die St. Stanislaus-Kirche zu einem Ort spontaner Gebete für den Verstorbenen.

Am späten Nachmittag, bei Glockengeläute und Gesang, während alle das patriotisch-kirchliche Lied „Gott, der Du Polen jahrhundertelang in Deinem Schutz gehalten hast . . .“ sangen, wurde der Sarg mit der Leiche des Priesters in die Kirche getragen und dort auf einen weißen Katafalk gestellt. Gleich danach, dem uralten kirchlichen Brauch folgend, begann die Gebetswache. Die ganze Nacht hindurch

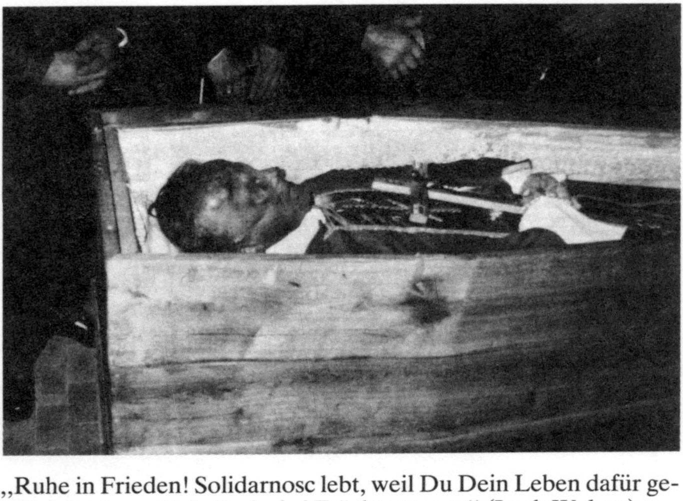

„Ruhe in Frieden! Solidarnosc lebt, weil Du Dein Leben dafür gegeben hast . . . Dein Tod wird Früchte tragen“ (Lech Walesa).

strömten unzählige Menschen an dem Katafalk vorbei; die Schlange der Gläubigen, die dem beliebten Priester die letzte Ehre erweisen wollten, war über 2km lang. Es kamen nicht nur Warschauer, sondern auch zahllose Gruppen aus dem ganzen Land.

Am nächsten Tag, am Samstag, dem 3. November, wurde der Sarg in der Früh auf einen hohen Katafalk vor der Kirche gestellt. Um 11 Uhr begann das Totenamt, gelesen vom Primas von Polen, Kardinal Josef Glemp, und von 6 Bischöfen. Sie wurden begleitet von über tausend anderen in der Kirche und um den Katafalk herum versammelten Priestern.

Nach dem Gesang des Hymnus „Christus vincit" sprach Kardinal Glemp zu den über 600000 versammelten Gläubigen:

„Liebe Bischöfe, Priester, Diakone, geehrte, mit Schmerz erfüllte Eltern und Verwandte des verstorbenen Priesters Jerzy Popieluszko, geehrte Vertreter der anderen Kirchen und Glaubensgemeinschaften, geehrte Vertreter der in- und ausländischen politischen Organisationen, treue Warschauer, alle, welche dieser schreckliche Tod des Priesters Jerzy in Trauer versetzt hat.

Wir stehen vor dem Sarg des ermordeten Priesters Jerzy Popieluszko. Sein Tod hat in der ganzen Welt einen lebhaften Widerhall gefunden, hat die Gewissen der Menschen in vielen Nationen erregt, hat eine Welle von Protesten und Empörung hervorgerufen. Viele Radiosender in der ganzen Welt haben die Gewalttat, derzufolge Pater Popieluszko ums Leben gekommen ist, und alle anderen Akte, bei denen Gewalt, Zwang und Terrorismus angewendet wurden, scharf verurteilt. Sie haben auch die Notwendigkeit der humanen Einstellung in der Gesellschaft betont. Am Sarg des Priesters, des Opfers eines Attentates, stehend, möchten wir unseren Trauerschmerz zu Gott wenden und unsere ganze Einstellung im Gebet ausdrücken. In unserem Trauern begleitet uns auf besondere Weise die Mutter Gottes, die Jungfrau, die Schmerzensmutter, die unter dem Kreuz des ewigen Hohenpriesters Jesus Christus stand. Heute stehen auch wir in frommer Andacht unter dem Kreuz mit der Mutter, dem Vater und den Verwandten des ermordeten Priesters.

Dem Priester Jerzy ist es während der 12 Jahre seines pastoralen Dienstes gelungen, ein schönes Modell des Lebens für die anderen zu entwickeln. Er war einfach den anderen Menschen ergeben, die sich durch ihn Gott näherten. Deshalb war er von allgemeiner und spontaner Liebe umgeben. Er selbst wollte die Gläubigen nicht an sich binden, sondern ihnen einfach die Schönheit Gottes und die wahren Prinzipien des Glaubens beibringen. (. . .), Die Seelen der Gerechten sind in der Hand Gottes. Nur die Dummen können glauben, daß der Abgang der Gerechten von uns ihre Vernichtung bedeutet. Doch die Gerechten sind im Frieden.‘ (Buch der Weisheit 3, 1–3). Wir glauben, daß das Opfer des Priesters Jerzy schon das letzte auf polnischem Boden ist und daß niemand mehr in unserer Heimat nur deshalb den anderen Menschen töten wird, weil ihm die von dem anderen verkündete Lehre nicht gefällt. (. . .) Können wir heute hervorragendere Intentionen für unsere Gebete haben als jene, daß der Märtyrertod Kaplan Popieluszkos nicht nur die Beendigung seines irdischen Lebens ist, sondern daß er fruchtbar wird für uns, für ein besseres gesellschaftliches Leben, damit sich die getarnten Mechanismen des Bösen enthüllen, damit das Streben nach dem Guten, nach der Ehrlichkeit und dem Vertrauen stärker zur Geltung kommt?

(. . .) Unsere religiöse Reflexion über den Tod des Priesters Jerzy – daß der christliche Mensch nicht für sich alleine stirbt, sondern für Christus und die anderen – gibt uns große, gesellschaftliche Hoffnung. Dieser theologischen Reflexion sollen gesellschaftliche und politische Gedanken folgen. Möge endlich der Instinkt der Selbstverteidigung der Nation, der auf so harte Weise unterdrückt worden ist, erwachen, damit die Polen aller sozialen Schichten sich nicht mehr an der Bahre eines Märtyrerpriesters versammeln müssen, sondern im Dialog zu Hoffnung und Frieden finden. (. . .) In ein paar Minuten, vor der heiligen Kommunion, werden wir im Gebet des Herrn folgende Worte aussprechen: ‚Wir vergeben unseren Schuldigern'. Wir vergeben allen unseren Schuldigern, welche aus Überzeugung oder in der Ausführung eines Befehls ihren Nächsten Unrecht getan haben. Wir vergeben den Mördern des Priesters Popieluszko. Wir hegen gegenüber niemandem Haß, wir bitten nur, daß Gott das unschuldige Opfer der Gewalt annehmen möge, auf die Reinheit unserer Herzen schaue und uns zu solcher Gerechtigkeit führe, die die Gesellschaft und unsere geliebte Heimat von allem Unrecht reinigen wird."

Nach der heiligen Kommunion bzw. nach dem Ende der Messe hielten einige Personen, mit denen Popieluszko auf besondere Weise verbunden war, kurze Reden. Im Namen der Arbeiter sprach der Führer der verbotenen Gewerkschaft „Solidarität" – Lech Walesa:

„. . . Auf die Liste der für Polen Gefallenen, deren Namen auf den Denkmälern von Warschau, Posen, Pommern und Schlesien stehen, schreiben wir heute den Namen des Warschauer Priesters und Kaplans der Arbeiter ein. Priester Jerzy Popieluszko wurde zum Opfer des Hasses und der Gewalt, welchen er immer das Gute und die Wahrheit gegenübergestellt hat.

Am Sarg unseres Bruders versprechen wir, daß wir angesichts der Gewalt nicht weichen werden, daß wir am Dienst für die Heimat festhalten, daß wir mit der Wahrheit auf die Lüge, mit dem Guten auf das Böse antworten werden. Wir grüßen Dich mit der Hoffnung auf gerechten, gesellschaftlichen Frieden in unserer Heimat. Ruhe in Frieden! ‚Solidarnosc' lebt, weil Du Dein Leben dafür gegeben hast. Wir glauben fest daran, daß Dein Tod Früchte tragen wird."

Abschließend nahm der Pfarrer der Kirche zum Heiligen Stanislaus Kostka, Prälat Teofil Bogucki, Abschied von dem verstorbenen Priester. Er sagte: „Mir scheint, daß ich vor mir fast ganz Polen sehe, das wahre, katholische Polen, das an Gott glaubt und den gekreuzigten Christus liebt, das sich nach Freiheit und seiner nationalen Identität sehnt. Als wir vor drei Jahren die ‚Messe für die Heimat' eingeführt haben, vermutete ich nicht, daß sie eine so große Popularität gewinnt und solche Früchte bringt. Polen hat einen neuen Nationalhelden und Märtyrer bekommen. Solch ein Begräbnis, an dem der Primas, viele Bischöfe und unzählige Gläubige teilnehmen, verdient nur ein hervorragender Mensch, ein Heiliger. Doch das wird Gott selbst beurteilen. Wir hoffen, daß dieses unschuldige priesterliche Opfer unseres geliebten Bruders der Kirche und der Heimat viel Gutes bringen wird. Wir alle sind überzeugt, daß dieses Opfer nicht umsonst war."

Beim Trauergesang „Es mögen dich die Engel ins Paradies bringen" begann die von Kardinal Josef Glemp geleitete Prozession. Jerzy Popieluszkos Sarg wurde auf den Schultern der Bergarbeiter getragen. Sein letzter Weg führte um seine Pfarrkirche herum bis zu dem in einer Ecke des Kirchengartens ausgehobenen Grab. Im Trauerzug gingen die Eltern des Priesters – Marianna und Wladyslaw Popieluszko, seine drei Brüder, seine Schwester, die nächste Familie und Freunde. Das frische Grab segnete der Primas von Polen, und die Versammelten legten Kränze und Blumen nieder. Auch der Zaun um die Kirche herum wurde bald mit Blumen, Fahnen und Spruchbändern geschmückt: „Priester Jerzy – ein Heiliger unserer Zeiten" . . . „Man hat uns das Herz ausgerissen, aber die

Seit dem Begräbnis des Priesters Popieluszko ist sein Grab der nach Tschenstochau meistbesuchte Wallfahrtsort geworden.

Seele werden wir nicht geben" ... „Ohne Solidarnosc keine Freiheit" ... „Du wirst immer mit uns bleiben" ... „Deine Worte werden wir weitergeben" ... „Er war einer, aber hinter ihm stehen Millionen".

Menschen, die sich während der Feierlichkeiten in den naheliegenden Straßen versammelt hatten, reichten sich jetzt von Hand zu Hand Blumen, um sie am Grab des Ermordeten niederzulegen. An der Grabstätte, vor der bereits Tausende von Lichtern brannten, ging langsam eine riesige Schlange von Menschen, die dem beliebten Priester die letzte Ehre erweisen wollte, vorbei.

Die ganze Nacht hindurch und auch noch am darauffolgenden Samstag kamen ununterbrochen unzählige Menschen zu dem Grab. In vielen Städten Polens wurden an diesem Tag Messen in der Intention des verstorbenen Priesters gelesen.

Der Prozeß gegen die Entführer

Für die Ermittlungen im Falle Popieluszko wurde eine Untersuchungskommission unter der Leitung eines hohen Beamten im Innenministerium, General Zenon Platek, eingesetzt. Im Laufe der Ermittlungen stellte sich heraus, daß der gesuchte Polski Fiat der Entführer ein Dienstfahrzeug des Innenministeriums war. Spürhunde der Polizei machten das Auto als Tatfahrzeug aus. Im Kofferraum des Wagens wurden Haare des ermordeten Priesters gefunden. Weiters wurde festgestellt, daß am Tag der Entführung der Sicherheitsbeamte Hauptmann Grzegorz Piotrowski diesen Wagen benutzt hatte und dabei das Fahrtenbuch fälschte. Für die Tatzeit konnte er kein Alibi erbringen.

Aufgrund dieser Tatbestände wurden er und zwei seiner Untergebenen am 25. Oktober 1984 festgenommen. Sie gaben zu, an der Entführung und Ermordung des Priesters Jerzy Popieluszko zusammen mit Grzegorz Piotrowski teilgenommen zu haben.

Weitere Aussagen von Hauptmann Piotrowski führten in der Folge zur Verhaftung des unmittelbaren Vorgesetzten des Hauptmanns, des Departementsdirektors Oberst Adam Pietruszka.

Am 27. Dezember 1984 wurde in Thorn der Prozeß gegen die vier Sicherheitsbeamten eröffnet. Zahlreiche Polizei- und Sicherheitskräfte bewachten den Zugang zum Gerichtsgebäude. Straßensperren machten auch Fußgängern das Passieren unmöglich. Zum erstenmal in der Geschichte des sozialistischen Polens begann damit ein öffentliches Verfahren gegen vier Offiziere des mächtigen Sicherheitsdienstes.

Vor Gericht standen:

– Der inzwischen degradierte 33jährige Hauptmann GRZEGORZ PIOTROWSKI – ausgebildeter Mathematiker, Träger des Silbernen Kreuzes für Ver-

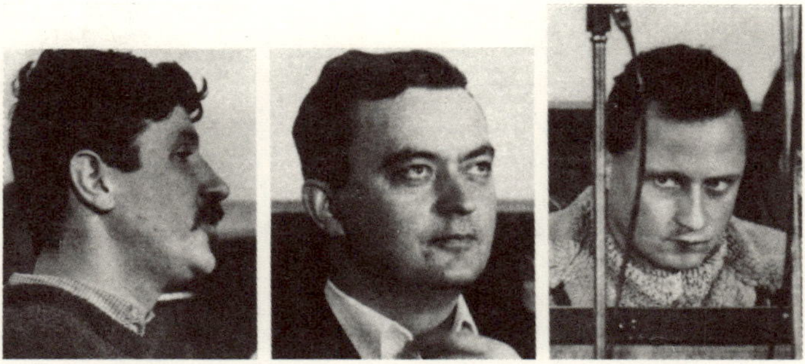

Die Entführer: Chmielewski, Piotrowski, Pekala – „Im Geiste des sozialistischen Humanismus erzogen."

dienste um die Volksrepublik Polen und vieler Ressortauszeichnungen, Vater von zwei Kindern im Alter von 6 und 8 Jahren, angestellt im Innenministerium als Abteilungsleiter.

– Der 32jährige Oberleutnant LESZEK PEKALA – Elektronik-Ingenieur, Träger des Bronze-Kreuzes für Verdienste um die VRP und einer Ressortauszeichnung, Inspektor im Innenministerium.

– Der 29jährige Oberleutnant WALDEMAR CHMIELEWSKI – ein Politologe, verheiratet, Vater eines Kindes im Alter von 2 Jahren, Träger des Bronze-Kreuzes für Verdienste um die VRP und einer Ressortauszeichnung, Inspektor im Innenministerium.

– Der 46jährige Oberst ADAM PIETRUSZKA – ausgebildeter Jurist, verheiratet, Vater eines Kindes, Träger des Ritterkreuzes des Ordens der Wiedergeburt Polens, des Goldenen und Silbernen Kreuzes für Verdienste um die VRP, stellvertretender Departementsdirektor im Innenministerium, zuletzt auch Mitglied der Untersuchungskommission im Falle Popieluszko.

Ihm wurde vorgeworfen, daß er, seine Funktion mißbrauchend, die drei ihm untergebenen Funktionäre – Grzegorz Piotrowski, Leszek Pekala und Waldemar Chmielewski – zur Ermordung des Priesters Jerzy Popieluszko angestiftet hat. Er hat ihnen bei dieser Tat geholfen, indem er ihnen einen W-Ausweis, der sie vor Verkehrskontrollen bewahren sollte, ausgestellt hat und ihnen versicherte, daß die von ihnen verübten Taten nie ans Tageslicht kommen würden. Nachdem seine Untergebenen die Tat vollbracht hatten, setzte er bestimmte Handlungen, die die Aufdekkung des Verbrechens verhindern sollten.

Die polnischen Medien reagierten weithin mit Schweigen auf die Eröffnung der Verhandlung. Lediglich die offizielle polnische Nachrichtenagentur PAP meldete den Beginn des Prozesses. Der polnische Regierungschef General Wojciech Jaruzelski erklärte in einer Pressekonferenz, daß nach seiner Einschätzung der Prozeß eine Chance bietet, die möglichen „Anstifter" des Verbrechens zu entlarven: „Ein Mensch, dem die Todesstrafe droht, muß in eigenem Interesse aussagen, ob er von irgend jemandem Anordnungen erhalten hat."

Am ersten Tag des Prozesses wurde der Angeklagte Leszek Pekala vernommen. Er zog seine gleich nach der Verhaftung gemachte Aussage, ein stellvertretender Innenminister der Volksrepublik Polen sei direkt für das Verbrechen verantwortlich, zurück. Erneut nannte er jedoch den Namen des Leiters seiner Abteilung im Innenministerium, des Generals Zenon Platek, der vor einigen Wochen von seinem Amt suspendiert worden war. General Zenon Platek wußte über alles genau Bescheid – das entnahm Pekala den Worten seines Vorgesetzten.

Auch die Anschuldigungen gegen seinen stellvertretenden Abteilungsleiter schwächte Pekala ab: „Ich habe den vielleicht falschen Eindruck gehabt, die Vorbereitungen seien mit Oberst Pietruszka abgestimmt gewesen."

Auf die Frage der Anwälte nach den Telefongesprächen zwischen Hauptmann Piotrowski und Oberst Pietruszka antwortete Pekala: „Ich hatte den Eindruck, daß sich Piotrowski, immer wenn er Schwierigkeiten hatte, mit jemandem in Verbindung setzte und dabei Befehle erhielt." Pekala sagte aus, daß er nur am Rande an der Tat beteiligt war: „Während der ganzen Operation habe ich nicht ein einziges Mal Pater Popieluszko geschlagen; überhaupt habe ich an der Entführung des Geistlichen nur aus Gehorsam gegenüber meinen Vorgesetzten teilgenommen." Als jedoch am 24. Oktober die Leiche des Priesters gefunden worden war, fühlte sich Pekala, nach seiner eigenen Aussage „wie betrogen und getäuscht, denn ich habe verstanden, daß ich über meine Tat werde Rechenschaft ablegen müssen".

Am 28. Dezember, dem zweiten Tag des Prozesses, wurde beschlossen, auf den 2. Jänner 1985 zu vertagen. In seiner Fernsehansprache zum neuen Jahr ging der polnische Staatsratsvorsitzende Henryk Jablonski auf den Prozeß ein und erklärte: „Die Mörder des Priesters Jerzy Popieluszko werden ihre gerechte Strafe erhalten. Dies sei notwendig, damit der Prozeß der nationalen Aussöhnung in Polen fortgesetzt werden kann. Diese Provokation ohne Beispiel, die sich physisch gegen einen Menschen gerichtet hat, richtet sich moralisch und politisch gegen die Versöhnung und verlangt eine einstimmige Verurteilung. Aus diesem Grunde und aus Achtung vor dem Gesetz werden die Mörder ihre gerechte Strafe erleiden."

Am 2. Jänner 1985 um 14 Uhr wurde der Angeklagte Leutnant Waldemar Chmielewski befragt. Den Zeugenstand betrat er zitternd und mit einem nervösen Zucken in der rechten Wange. Nur stotternd antwortete er auf die Fragen des Staatsanwaltes. Er wies die gegen ihn erhobene Anklage zurück und gab lediglich seine Mitwirkung an der Entführung Popieluszkos zu. In besonderer Weise bestritt er die Mordanklage wie auch die Anschuldigung, Popieluszko mißhandelt zu haben. Er brachte dagegen Einzelheiten zur Sprache, die den Leiter der Abteilung IV im polnischen Innenministerium, General Zenon Platek, schwer belasteten und auch die Möglichkeit erkennen ließen, daß ein stellvertretender Minister des Inneren in die Angelegenheit verwickelt sein könnte. Chmielewski lieferte der Anklage Hinweise darauf, daß man die Möglichkeit, der Entführte könnte während der Aktion sterben, durchaus in Betracht zog, und daß die Art der Beseitigung seiner Leiche Zustimmung „auf höherer Ebene“ gefunden habe. Chmielewski schilderte weiter, daß der Anführer des Entführungskommandos, Hauptmann Piotrowski, nichts unternahm, was nicht zuvor mit hohen Persönlichkeiten des Innenministeriums abgestimmt worden war. Chmielewski gab in diesem Zusammenhang zu Protokoll, daß er bei einem Funkgespräch während der Rückkehr von einem fehlgeschlagenen Versuch der Entführung Popieluszkos die Stimme des Generals Platek erkannt habe. Dieses Gespräch fand am 13. Oktober 1984 auf der Strecke Danzig-Warschau statt. Popieluszko und seine Begleiter sollten dort bei einem fingierten Autounfall ums Leben kommen. In einer scharfen, dicht bewaldeten Kurve zwischen Ostroda und Olsztynek wollten die Täter einen Stein auf die Windschutzscheibe des Wagens, in dem sich der Priester befand, werfen. Dann planten sie, die verletzten oder getöteten Personen mit Benzin zu übergießen und im Auto zu verbrennen. Doch der Fahrer des Priesters hatte den Täter (Piotrowski) mit dem Stein in der Hand rechtzeitig bemerkt und lenkte den Wagen direkt auf ihn zu. Der erschreckte Piotrowski verlor die Nerven, und der Stein verfehlte sein Ziel. Vor diesem Versuch, den Priester Popieluszko zu töten, habe Hauptmann Piotrowski im Büro geäußert, daß Oberst Pietruszka „die ganze

Sache“ mit Ciaston (General, Vize-Minister im Innenministerium) abgesprochen habe. So sei Chmielewski überzeugt gewesen, daß auch der zweite und erfolgreiche Versuch auf die gleiche Weise mit Ciaston abgesprochen gewesen war. Chmielewski gab auch an, daß Piotrowski nach der Entführung und Ermordung des Priesters seine Angst mit dem Hinweis beschwichtigt habe, daß im „höheren Stab gute Leute sind“.

Am 7. Jänner wurde als Hauptangeklagter Hauptmann Grzegorz Piotrowski in den Zeugenstand gerufen. Bei den Vernehmungen zeigte er große Sicherheit, als er sagte: „Bis zum 31. Oktober 1984 war ich überzeugt, der Verantwortliche für den Tod des Priesters zu sein; heute bin ich es nicht mehr. Oberst Adam Pietruszka, mein direkter Vorgesetzter, war über alles auf dem laufenden. Die Ermordung des Geistlichen war nicht von Anfang an geplant, es war eher eine Art Betriebsunfall. Ich habe geglaubt, mit dem Tod des Priesters das kleinere Übel gewählt zu haben, um ein größeres zu verhindern. Wenn ich heute mit Pekala und Chmielewski hier auf der Anklagebank sitze, so geschieht das, weil sich der Priester nicht an die geltenden polnischen Gesetze gehalten hat, und weil man mich beauftragte, gegen ihn als einen politischen Gegner vorzugehen. Heute weiß ich – und ich weiß das ganz sicher –, daß man ‚weiter oben‘ nichts davon wußte. Der einzige mit der Angelegenheit befaßte höhere Beamte war Oberst Adam Pietruszka, mein direkter Vorgesetzter in der für die religiösen Angelegenheiten zuständigen Abteilung IV des polnischen Innenministeriums. Bei Besprechungen mit ihm wurde nie die Frage aufgeworfen, den Priester zu ‚liquidieren‘. Es war nur darum gegangen, den mit der verbotenen Gewerkschaft ‚Solidarnosc‘ Sympathisierenden ‚einzuschüchtern‘. Der Gedanke, Popieluszko zu töten, ist mir erst nach der geglückten Flucht des Fahrers des Priesters gekommen. Ich weiß heute, daß diese

Entscheidung dem Sicherheitsdienst sehr geschadet hat."

Der direkte Vorgesetzte des Hauptangeklagten, Oberst Adam Pietruszka, wies am Donnerstag, dem 10. Jänner 1985, alle Anschuldigungen gegen seine Person zurück und erklärte: „Ich habe niemals Gewaltanwendung gegen den Priester vorgeschlagen. Ich habe von der Entführung des Geistlichen nichts gewußt. In meiner Unterredung mit Piotrowski habe ich lediglich die Überwachung Popieluszkos und das Zusammentragen von Material gegen den Priester vorgeschlagen. Mein Untergebener, Hauptmann Piotrowski, hat aus eigener Initiative gehandelt. Er hat oft nach seinem eigenen Kopf gehandelt und von seinen Aktionen erst nach vollbrachter Tat berichtet, anstatt zuvor die Genehmigung seiner Vorgesetzten einzuholen. Deswegen habe ich auch die Versetzung des Hauptmanns vorgeschlagen. Der Fall Popieluszko hat erst nach dessen Entführung enorme Ausmaße angenommen; zuvor war er nur einer von Dutzend Priestern gewesen, die das Kreuz am Kragenaufschlag und den Haß im Herzen tragen . . . Ich bin im Geist des sozialistischen Humanismus erzogen worden, der das Prinzip respektiert, daß der politische Gegner mit Hilfe der politischen und gesellschaftlichen Organisation behindert und unterdrückt werden muß, aber nicht durch Anwendung von Gewalt . . ."

Am Dienstag, dem 15. Jänner, begann die Vernehmung der 22 geladenen Zeugen, unter ihnen auch General Zenon Platek, der im Zusammenhang mit dem Mord an Pater Popieluszko von seinem Dienst suspendiert worden war. Vor dem Gericht in Thorn bestritt er jede Verwicklung seiner Person in den Mordfall Popieluszko. Er habe niemals einen Befehl gegeben, derartige Aktionen, wie die gegen den Priester, durchzuführen. Platek berichtete, daß er schon früher Verdacht gegen Hauptmann Piotrowski hegte, der das

Fahrzeug an dem in Frage kommenden Tag benutzt hat. Er habe diesen nachher aufgefordert, ihm umgehend Bericht zu erstatten, was er mit dem Auto am 19. und 20. Oktober 1984 gemacht habe. In seinem Bericht erklärte Piotrowski, nach Aussage des Generals Platek, daß er mit dem Wagen in die Nähe Thorns gefahren war, um Pilze zu sammeln.

Bereits am nächsten Tag, dem 16. Jänner, sagten weitere Polizeibeamte des Innenministeriums aus, daß es nötig gewesen war, etwas gegen die Aktionen Popieluszkos zu unternehmen, der viel herumgereist war, um auch in anderen Städten „seine Show" zu veranstalten, wie die Messen für die Heimat im Polizei-Jargon genannt wurden.

Während der letzten 26 Verhandlungstage ist es öfters zu Anschuldigungen gegenüber dem Priester Popieluszko und der polnischen Kirche gekommen. Der Staatsanwalt Leszek Pietrasinski hat den ermordeten Priester auf dieselbe Ebene mit seinen Mördern gestellt, da „beide Teile im Bewußtsein der Straffreiheit gehandelt haben. Der Priester war gegen die Politik der Versöhnung gewesen, hatte Haß gesät und die staatlichen Behörden beleidigt. Durch seinen politischen Extremismus hat sich Popieluszko sein eigenes Grab geschaufelt". Die schwerwiegendsten Vorwürfe gegen den Geistlichen und die katholische Kirche machte in der zweiten Phase des Prozesses der Hauptangeklagte Piotrowski, der unter anderem aussagte, daß der Mord durch die Bitterkeit der Sicherheitspolizei über die der Kirche zugestandene große Toleranz provoziert wurde. Außerdem warf er dem Klerus generell Steuerhinterziehung, dem der „Solidarnosc" nahestehenden Bischof von Przemysl, Ignacy Tokarczuk, die seinerzeitige Zusammenarbeit mit der Gestapo und dem Erzbischof von Breslau, Henryk Gulbinowicz, vor, Gelder für die verbotene „Solidarnosc" aufzubewahren. Auch der Gerichtsvorsitzende

Richter Artur Kujawa versuchte, den Prozeß in ein Tribunal gegen die katholische Kirche und gegen das Mordopfer umzufunktionieren, indem er entlastende Sachverhalte den Tätern in den Mund legte, etwa über die „moralische Verworfenheit“ ihres Opfers.

Empört über die Art und Weise der Prozeßführung brachte Prälat Bogucki während einer Predigt die Meinung von Millionen von Polen zum Ausdruck: „Der ganze Sicherheitsapparat gehört auf die Anklagebank, wo zur Zeit das Gericht den Mordfall Popieluszko untersucht . . .

Dieser Mord hat die barbarischen Methoden der Funktionäre bloßgestellt, die ständig versichern, daß es ihnen nur um die Sicherheit der Nation geht, die aber alles, was heil und wirklich polnisch ist, zerstören. Popieluszko hat trotz ständiger Bedrohung täglich ohne Furcht auf den großen Tag hingearbeitet. Er hat ein freies, gerechtes, auf die Wahrheit und nicht auf die Lüge gebautes Polen gewünscht. Und jetzt sagt man uns, daß dies ein Verbrechen war . . . Popieluszko hat sein Leben für die Gebote Gottes und das Wohl der Nation geopfert, er wird als Held in die Geschichte eingehen. Wir wollen beten, daß er der Schutzpatron Warschaus und ganz Polens wird.“

Am 7. Februar wurde der Prozeß beendet. Der Hauptangeklagte und inzwischen degradierte Polizeihauptmann Grzegorz Piotrowski wurde zu 25 Jahren Gefängnis verurteilt. Das Gericht verzichtete auf die Todesstrafe mit der Begründung, daß das sozialistische Recht keine Rache sei, sondern abschrecken und erziehen solle. Ebenfalls 25 Jahre Freiheitsstrafe bekam der stellvertretende Abteilungsleiter im Innenministerium, Oberst Adam Pietruszka, der beim Prozeß als „Schreibtischtäter“ eingestuft wurde. In der Begründung hieß es, Pietruszka habe zusammen mit Piotrowski rechtswidrige Schritte gegen Pfarrer Popieluszko geplant, als er im Innenministerium den Abteilungsleiter General Zenon Platek vertrat. Die beiden Angeklagten seien sich der Rechtswidrigkeit ihrer Handlung bewußt gewesen und hätten gewußt, daß dies den Dienstvorschriften im Innenministerium widersprach. Diese Vorschriften seien teilweise geheim, würden jedoch rechtswidrige Mittel ausschließen. Pietruszka und Piotrowski hätten sich „arrogant" über die staatlichen Autoritäten gestellt. Zumindest Piotrowski habe von Anfang an den Tod seines Opfers gewollt, während Pietruszka seinem Untergebenen bei dessen Aktion gegen den Priester keine Grenze gesetzt habe. Ihre Tat sei eine Provokation gewesen, die eine Kettenreaktion habe auslösen sollen. Dies sei besonders schwerwiegend zu einer Zeit, in der man einer nationalen Verständigung nahegekommen sei. Die beiden anderen Entführer Waldemar Chmielewski und Leszek Pekala wurden zu 15 bzw. 14 Jahren Gefängnis verurteilt.

Kurz nachdem die Urteile in Thorn gefällt waren, verurteilte der polnische Primas, Kardinal Josef Glemp, in zwei Predigten die gegen die Kirche begonnene Hetzkampagne.

Die polnische Regierung bekräftigte in einer Erklärung des Ministerrates, „ihre auf einer dauerhaften Grundlage basierende Politik beizubehalten und den Weg der nationalen Verständigung, der im Interesse des sozialistischen Staates liegt, weiterzugehen. Mit dem Thorner Prozeß hat der Staat einen überzeugenden Beweis für seinen Respekt vor dem Gesetz und für seine Transparenz gegenüber der Öffentlichkeit geliefert".

Die vier des Mordes an dem Geistlichen Jerzy Popieluszko für schuldig befundenen Offiziere haben gegen dieses Urteil Berufung eingelegt. Die Wiederaufnahme des Verfahrens fand im Beisein der Mutter des ermordeten Geistlichen, Marianna Popieluszko, und ihrer beiden anderen Kinder Josef und Stanislaw statt.

Die Staatsanwaltschaft lehnte den Revisionsantrag der Verteidigung ab. Nach zweitägigen Verhandlungen darüber verkündete das Oberste Gericht, daß der Urteilsspruch der ersten Instanz in Kraft bleibt.

Der deutsche Jurist, Dr. Siegfried Lammich, Referent am Max-Planck-Institut für ausländisches und internationales Strafrecht in Freiburg, durfte als Beobachter der Internationalen Gesellschaft für Menschenrechte vom 16. Jänner an als einziger ausländischer Journalist am Thorner Prozeß teilnehmen. Er erklärte: „In Polen war mir ein unbehindertes Arbeiten möglich. Der Prozeß als solcher stellte zwar ein außergewöhnliches Ereignis für ein sozialistisches Land dar, doch die Chance für eine Verbesserung des Verhältnisses von Kirche und Staat in Polen wurde dabei verspielt ... Man hat den Prozeß zu einem Anklageforum gegen die Kirche umzufunktionieren versucht. Der Prozeß hat sich damit auch, entgegen den Regeln, zu einem Duell zwischen den Nebenklägern und der Staatsanwaltschaft entwickelt. Die Rechtsanwälte, die die Nebenkläger, also die Eltern Popieluszkos und seinen Fahrer, vertraten, sind durch ihre Fragen und Proteste gegen die Prozeßführung gleichsam zu Verteidigern der Interessen der Kirche geworden."

Eine Reihe „mysteriöser Fälle" in der Anfangsphase der Ermittlungen blieb ungeklärt. So kam es z.B. zu einem Verkehrsunfall zweier „zu eifriger" Polizisten: Als am 30. 11. 1984 Oberst Stanislaw Trafalski, Abteilungsleiter im Kriminalamt des Innenministeriums, und Major Wieslaw Piatek dienstlich unterwegs waren, stellte sich ihrem Wagen etwa 50 km südlich von Warschau plötzlich ein Schneepflug in den Weg. Beim Aufprall kamen sie und ihr Fahrer Piotr Andrzejczuk ums Leben.

Pressereaktionen

24. Oktober (KNA). – Der Papst hat die Entführer des am vergangenen Freitag auf mysteriöse Weise verschwundenen polnischen Priesters Jerzy Popieluszko zur sofortigen Freilassung ihrer Geisel aufgerufen. In polnischer Sprache ging Johannes Paul II. während der Generalaudienz am Mittwoch, dem 24. Oktober erstmals auf den Fall des wegen seiner Stellungnahmen für „Solidarnosc" bekannten Warschauer Priesters ein. Der Papst betonte, daß er die Beunruhigung der polnischen Gesellschaft über diesen unmenschlichen Gewaltakt teile und darüber bis ins Innerste bewegt sei.

Papst Johannes Paul II. zitierte aus dem zu dem Vorfall von den polnischen Bischöfen veröffentlichten Kommuniqué und hob hervor, daß die Entführung Popieluszkos einen Schock in der öffentlichen Meinung in Polen und Angst und Schmerz bei den Bischöfen, Priestern und Gläubigen der Erzdiözese Warschau ausgelöst hat. Alle Gläubigen rief der Papst zum Gebet dafür auf, daß der Fall sobald wie möglich gelöst werde und Popieluszko seine pastorale Tätigkeit wieder aufnehmen könne. Die dem Priester angetane Gewalt verurteilte der Papst als Verletzung der Würde und Rechte der menschlichen Person.

Die Geistlichen in seinem Lande forderte er auf, nach jeder Messe für die Freilassung Popieluszkos das Marienlied „Unter deinem Schutz und Schirm" zu singen, das die Polen in Augenblicken der Gefahr für ihre Heimat verwenden und das auch vom Papst auf polnisch bei der Generalaudienz in Rom angestimmt worden war.

„KATHPRESS" (29. 10. 1984). – Ihrer Erschütterung, Empörung und Trauer über die Ermordung Jerzy Popieluszkos gab die Leitung des Katholischen Jugendwerkes Österreichs in einem offenen Brief an die Botschaft der Volksrepublik Polen in Wien zum Ausdruck. Die Mitglieder der Bundesstelle für kirchliche Kinder- und Jugendarbeit traten dafür ein, daß auch die politisch Verantwortlichen für diesen Mord zur Rechenschaft gezogen werden und – wie es wörtlich in diesem Brief heißt – „für den Geheimdienst Konsequenzen folgen, damit in Zukunft solche Vorfälle unterbleiben . . .". Es ist unsere Hoffnung, daß dieser Mord nicht Beginn neuer gewaltsamer Auseinandersetzungen wird, sondern daß alle Verantwortlichen in der Regierung, in der Kirche und der verbotenen Gewerkschaft „Solidarität" sofort mit einem ernsthaften und intensiven Dialog über die Zukunft Polens beginnen."

BRD, Michelstadt. – Die Grünen aus dieser Stadt erklärten angesichts des Todes des polnischen Priesters Jerzy Popieluszko: „Die Frucht des fast 40jährigen Bestehens der kommunistischen Macht ist der erste „Bananen-Staat" in Mitteleuropa, in dem wie in Mittel- und Südamerika Todesschwadronen operieren. Der Priester Popieluszko ist nicht ihr erstes Opfer. Er ist aber bis jetzt das letzte Opfer des vom Staat her tolerierten Terrors. Die Drohungen gegenüber den anderen Beschützern der Menschenrechte sind ein gefährliches Zeichen für die Zukunft. Der Priester Popieluszko wurde zum Opfer der schon in Jalta bestimmten Ordnung. Er wird in die Geschichte des polnischen Märtyrertums als Kämpfer für die Freiheit eingehen . . ."

ADN überrascht mit einer Meldung über Popieluszko (30. Oktober). – Die Erklärung des polnischen Innenministers, General Czeslaw Kiszczak, zur Entführung des Priesters Jerzy Popieluszko ist in der Ost-Berliner Presse am Montag, dem 29. Oktober überraschend veröffentlicht worden. Obwohl die Presse der DDR den Fall bisher verschwiegen hatte, wird in der ADN-Meldung der Eindruck erweckt, als sei er den Lesern längst bekannt. „Eine der begründeten Hypothesen der Untersuchungen geht davon aus, daß Pfarrer Popieluszko nach der Entführung lebend am Stadtrand von Thorn freigelassen wurde", heißt es noch in der Meldung, obwohl am Sonntag bereits in polnischen Regierungskreisen offiziell mit der Möglichkeit der Ermordung des Priesters gerechnet wurde.

„L'Osservatore Romano". – Die öffentliche Meinung in Polen stellt sich die Frage nach den Motiven der Verschwörung und ob sie den drei Verhafteten zugeschrieben werden kann. Laut Nobelpreisträger Lech Walesa handelt es sich hier um eine unmittelbare Provokation, welche gegen die ganze Nation, „vom Premier bis zum ganz gewöhnlichen Polen", gerichtet sei. Walesa, der in Danzig nach der Beendigung einer Gedächtnismesse für J. Popieluszko vor den Arbeitern eine Rede hielt, appellierte an die Versammelten, sie mögen die Pläne der Entführer verhindern, indem sie eine Konfrontation zwischen Staat und Gesellschaft zu vermeiden trachteten.

Papst Johannes Paul II., Generalaudienz, 31. 10. 1984: „In unsere Gebete schließen wir auf besondere Weise die Person jenes Priesters ein, dessen Tod die öffentliche Meinung und das Gewissen der Menschen in Polen und in der ganzen Welt erschüttert hat. Obwohl er, dem menschlichen Verständnis nach, Qual erfahren hat, ist unsere Hoffnung mit dem Gedanken über die Unsterblichkeit erfüllt.

Wollen wir ihm den letzten Dienst mit Würde und in Ruhe erweisen.

Angesichts dieses Todes möchte ich alle an meine Worte erinnern, die ich in Warschau während meiner letzten Pilgerfahrt ausgesprochen habe: der Christ ist in Jesus Christus zum Sieg berufen. Dieser Sieg ist untrennbar mit Mühe und Leid verbunden wie die Auferstehung Christi mit dem Kreuz. ‚Er hat schon heute den Sieg errungen, auch wenn er auf dem Boden liegt.'

Ich zitiere die Worte des Kardinals Stefan Wyszyński: ‚Jener, der wie Christus sein Kreuz oder sogar das Leben für seine Brüder opfert – VIVIT VICTOR SUB GLADIO!'

Wollen wir dem Priester Jerzy Popieluszko die letzte Ehre im christlichen Geist und im Frieden erweisen.

Möge die große moralische Bedeutung dieses Todes durch nichts gestört und geblendet werden."

Französische Bischöfe verurteilten den Anschlag auf Pater Popieluszko. Der Vorsitzende der katholischen Bischofskonferenz Frankreichs, Jean Vilnet, erklärte: „Das Schicksal unserer Brüder in Polen und der Anschlag auf Pfarrer Popieluszko erschüttern uns tief. Sein Martyrium ist uns ein helles Licht." In einem Telegramm an den polnischen Primas Josef Glemp sprach Vilnet das Beileid der französischen Bischöfe aus.

Als einen „terroristischen Akt des blinden Hasses" hat die tschechoslowakische Bürgerrechtsbewegung *„Charta 77"* die Ermordung des polnischen Priesters verurteilt. Der Tod des Priesters werde die moralische Autorität der katholischen Kirche Polens und der verbotenen Gewerkschaft Solidarität wieder stärken, heißt es in einer am Wochenende von der Bürgerrechtsbewegung in Prag veröffentlichten Erklärung.

Der *Generalsekretär des Zentralkomitees der Deutschen Katholiken,* Dr. Friedrich Kronenberg, meinte in einer Stellungnahme: „Der Mord an Pfarrer Jerzy Popieluszko ist das Ergebnis des Mißtrauens, das seit Ausrufung des Kriegsrechts das Verhältnis von Regierung und Volk kennzeichnet. Das ZdK erfüllt die Ermordung des Priesters mit großem Schmerz und mit Trauer." Kronenberg sprach der Kirche in Polen sein Mitgefühl zum Verlust des

Priesters aus, der seinen Einsatz für die Freiheit und Gewaltlosigkeit mit seinem Leben habe bezahlen müssen.

Der *Vorsitzende der Deutschen Bischofskonferenz,* Kardinal Joseph Höffner, schrieb in einem an Kardinal Glemp gerichteten Telegramm: „Die Kirche in Polen und das ganze polnische Volk haben in Jerzy Popieluszko einen mutigen Bekenner verloren, dessen Name schon zu seinen Lebzeiten zum Symbol für das Ringen um Freiheit und Menschenwürde in Polen geworden ist. Der Tod des Priesters möge allen Verantwortlichen in Polen zum ‚mahnenden Zeichen' auf dem Weg zur inneren Versöhnung und zur Wahrung der Menschenrechte werden. Für den Beitrag, den die Kirche als Hüterin der menschlichen Würde dabei zu leisten vermag, wird für alle Zukunft auch der Name des Priesters Jerzy Popieluszko stehen."

„Iswestija". – Am Tage der Urteilsverkündung im Prozeß um die Ermordung des polnischen Priesters Jerzy Popieluszko nahmen die amtlichen sowjetischen Medien zum ersten Mal Notiz von dem Prozeß. In einem Bericht der amtlichen Nachrichtenagentur TASS, die von der am Nachmittag erscheinenden Regierungszeitung „Iswestija" gedruckt wurde, waren scharfe Angriffe gegen die katholische Kirche Polens enthalten. Der Prozeß habe gezeigt, daß die Kirche das Recht auf Religionsfreiheit für politische Zwecke mißbraucht habe und daß Priester sich die Verbreitung anti-sowjetischer Propaganda haben zuschulden kommen lassen.

Die polnischen Kirchenführer würden von westlichen „Zentren ideologischer Ablenkung" beeinflußt, die versuchten, die Polen gegeneinander aufzubringen und die kommunistische Partei zu verleumden, hieß es in dem vor der Urteilsverkündung verfaßten TASS-Bericht weiter. Ziel sei eine politische und gesellschaftliche Destabilisierung. Bei der Beschreibung der Angeklagten fehlte jeglicher Hinweis auf deren Zugehörigkeit zum Sicherheitsdienst. Sie wurden als Bürger bezeichnet, die versucht hätten, die staatsschädigenden Aktionen des Priesters zu verhindern.

Der Vorsitzende der *amerikanischen Bischofskonferenz,* Monsignore Malone, richtete an Kardinal Glemp einen Brief, in dem er den ermordeten Priester Popieluszko als Märtyrer der Liebe und Zeugen der Wahrheit bezeichnete. Er äußerte die Hoffnung, daß Polen die heutige schwere Zeit ohne Gewalt und mit Würde überstehen wird.

In einem Interview für die Dienstag-Ausgabe der *"New York Times"* interpretierte *US-Präsident Reagan* das Urteil in dem Thorner Prozeß folgendermaßen: „Es zeigt, daß etwas schiefging und die Regierung nichts dabei fand, jemanden den Wölfen vorzuwerfen, damit der Schlitten vor dem Wolfsrudel weiterfahren kann." Er sehe in dem Urteil keine Veränderung, die eine Aufhebung der Sanktionen oder eine Verbesserung der bilateralen Beziehungen mit Polen rechtfertigen würde.

Präsident Ronald Reagan hat am 31. Oktober 1984 in einer schriftlichen Erklärung dem ermordeten polnischen Priester die letzte Ehre erwiesen und ihn als Kämpfer für christliche Werte und mutigen Befürworter der Freiheit bezeichnet.

12. Februar 1985. – Papst Johannes Paul II. hat bei einer Audienz für eine Gruppe polnischer Pilger am 12. Februar den Wunsch zum Ausdruck gebracht, daß die jüngsten Ereignisse in Polen zu einer Stärkung der Kirche und der Nation in der Kirche beitragen mögen. Auf die Feststellung des Bischofs von Koszalin, Ignacy Jez, daß der Prozeß gegen die Mörder Jerzy Popieluszkos in ein Tribunal gegen den Ermordeten und gegen die Aktivitäten der Kirche umgewandelt worden sei, antwortete der Papst: „Die Erfahrung der letzten Monate darf die Polen nicht entmutigen, sondern muß ihren Geist stärken." Der Papst versicherte, daß der Tod von Jerzy Popieluszko ein Symbol sei und auch außerhalb Polens, in Rom und in der ganzen Welt zutiefst miterlebt worden ist. Durch diese tragischen Vorkommnisse muß der Sinn für das Gemeinwohl der ganzen Heimat und für das Wohl der Kirche nicht nur in Polen gestärkt werden, verlangte Johannes Paul II. „Die Prüfung, der Polen unterworfen ist, erfordert große geistige Kraft", sagte der Papst und fügte hinzu: „Es ist nicht leicht, ein Pole zu sein, wie ich zur Jugend in Tschenstochau gesagt habe, aber was etwas kostet, das hat Wert, deshalb kann man sagen, daß es sich lohnt, ein Pole zu sein."

„DER SPIEGEL", Nr. 5/1985

Jetzt, im 20. Jahrhundert, hat das polnische Volk einen neuen Nationalheiligen gewonnen, dessen Selig- und Heiligsprechung durch den Vatikan nicht mehr fern scheint.

„Popieluszko lebt“

„Jede Gewalt ist ein Zeichen von moralischer Schwäche. Eine Idee, die Waffen braucht, um am Leben zu bleiben, stirbt rasch ab. Eine Idee, die nur durch Anwendung von Gewalt aufrechterhalten bleibt, ist entstellt. Einer lebensfähigen Idee folgen spontan Millionen Menschen. Die ‚Solidarnosc‘ hat deshalb die Menschheit binnen einer so kurzen Zeit in Staunen versetzt, weil sie nicht mit Gewalt, sondern auf den Knien, mit dem Rosenkranz in der Hand gekämpft hat; weil sie an den Feldaltären lauter um die Menschenwürde gebetet hat als um das tägliche Brot. Beten wir dafür, daß wir frei sind von Angst, von Einschüchterung, vor allem aber von Rachegefühlen und von Gewalt.“

Das waren die letzten Worte des Priesters Jerzy Popieluszko, ausgesprochen vor den Bromberger Gläubigen, die sich am 19. Oktober 1984 in der Kirche der Heiligen Märtyrer zu einem Rosenkranz versammelt hatten.

Als das polnische Fernsehen einen Tag später in den Abendnachrichten ein offizielles Kommunique über die Entführung des Priesters Jerzy Popieluszko bekanntgab, versammelten sich um die Stanislaus Kostka-Kirche in Warschau spontan etwa 50000 Gläubige. Noch am selben Tag wurde dort um 22 Uhr die erste Messe für die Errettung des Priesters gefeiert. Die „Solidarnosc“-Mitglieder, die sich unter den Versammelten befanden, organisierten spontan eine Gebetsnachtwache, die auch in den nächsten Tagen fortgesetzt wurde. An den unablässigen Gebeten beteiligten sich Arbeiter aus vielen Betrieben Warschaus, bekannte Schauspieler, Wissenschafter, Literaten und Menschen aus fast allen gesellschaftlichen Schichten.

Die „letzte Station" ... Text der Inschrift: „Priester Jerzy Popieluszko, Patron von Solidarnosc, Märtyrer für Glaube und Vaterland, ermordet am 19. 10. 1984 durch Offiziere des Innenministeriums – Mitglieder der Polnischen Vereinigten Arbeiterpartei.

Viele Gläubige aus ganz Polen, besorgt um das Schicksal des vermißten Priesters, richteten Briefe an die Pfarrei zum hl. Stanislaus Kostka, wo in einer Informationsstelle Meldungen über die Entführung des Priesters gesammelt wurden. Die ankommenden Briefe waren nicht selten mit tausenden Unterschriften versehen. Eine kleine Auswahl daraus:

Warschauer Strom- und Gaswerke:

Jede Gewalttat soll man verurteilen, besonders wenn sie sich gegen wehrlose Menschen richtet, deren einzige Waffe das Kreuz und das Wort Gottes sind. Wir verlangen, daß die Regierung alle Mittel und Kräfte für die Befreiung des Priesters Jerzy Popieluszko einsetzt. Wir fordern auch, daß die Täter dieses Verbrechens aufgedeckt und gerecht verurteilt werden. Wir schließen uns den Gebeten um die glückliche Rückkehr des Priesters Jerzy in seine Pfarrei an.

Angestellte des Postamtes – Warschau Nummer 86:

Wir verurteilen diese schandhafte, eines Polen unwürdige Tat – die Entführung des von uns Arbeitern geliebten Priesters, Beschützers der Menschenrechte und der „Solidarnosc". Der damit uns Polen angetane Schmerz ist enorm. Wir beten für Jerzy Popieluszko und seine schnelle Rückkehr in die Pfarrei. Möge Gott unser Gebet erhören.

Angestellte des Instituts für Transportwesen:

Erschüttert von der Entführung des Priesters Jerzy Popieluszko aus der Stanislaus Kostka-Pfarre wollen wir unsere tiefe Empörung zum Ausdruck bringen, daß gegenüber Menschen, die in Polen den Mut haben, Wahrheit und Gerechtigkeit zu verkünden, Gewalt angewendet wird. Wir hoffen, daß die Solidarität der ganzen Gesellschaft zur Aufdeckung der Initiatoren und Täter dieses Verbrechens beitragen wird, damit nie mehr solche Methoden des politischen Kampfes eingesetzt werden. Wir glauben daran, daß man „das Böse durch das Gute besiegen kann".

Angestellte des Instituts für Pharmazeutische Industrie:

Wir sind von der Entführung des Priesters Jerzy Popieluszko und der Gefahr, die ihm droht, zutiefst erschüttert. Wir protestieren gegen solche Terrorakte, die im Widerspruch zu den Menschenrechten und unseren nationalen Traditionen stehen. Wir fühlen uns verpflichtet, für die Werte und Prinzipien des gesellschaftlichen und öffentlichen Lebens einzutreten. Wir vereinen uns mit allen, die in diesen Tagen in der Intention des Priesters Jerzy beten.

Eine Gruppe bekannter Intellektueller und Künstler (unter anderem W. Lutoslawski, K. Szaniawski, H. Mikolajska, A. Wajda, S. Bratkowski):

Diese Tat war der letzte Akt einer langen Haß-Kampagne gegen einen Menschen, der unsere Gedanken und Träume auf die vollkommenste Weise zum Ausdruck gebracht hat.

Trotz einer großen Welle der Empörung und Besorgnis um den beliebten Priester ist es in Polen zu keinen Unruhen gekommen. Die Katholiken des Landes folgten dem Aufruf des Primas, der bei einer Messe in der Stanislaus Kostka-Kirche für das Heil Jerzy Popieluskos die Gläubigen aufgefordert hat, „sie mögen ihren Schmerz um das Schicksal des Geistlichen als Christen tragen und auf Rache- und Haßgefühle verzichten".

Auch dann, als die schlimmsten Befürchtungen in Erfüllung gingen, bewahrten die Polen „die klare Vernunft“, zu der Popieluszko immer wieder aufgerufen hat.

In der Stanislaus Kostka-Kirche wurde gerade ein Gottesdienst für den vermißten Priester gelesen, als die Nachricht von der Bergung des Leichnams überbracht wurde. Der junge Geistliche, der die Messe feierte, verkündete den Versammelten mit leiser, ruhiger Stimme: „Jerzy Popieluszko ist heimgegangen zur Mutter Gottes, der Königin Polens.“ Er bezeichnete den toten Kaplan als „Märtyrer der wahrhaftigen Liebe“. Alle fielen auf die Knie, und an vielen Stellen des Gotteshauses klang verhaltenes Weinen auf. Dann ließ der Geistliche die Versammelten dreimal laut die Bitte und das Gelöbnis aus dem „Vaterunser“ wiederholen: „Und vergib uns unsere Schuld, wie auch wir vergeben unseren Schuldigern.“

Auch in anderen Teilen Polens wurde die schreckliche Nachricht mit Bestürzung und Trauer angenommen. Fast in allen Kirchen des Landes begannen sofort nach Bekanntgabe des Leichenfundes die Glocken zu läuten. In den Gotteshäusern und an anderen öffentlichen Orten wurden blumenumkränzte Porträts des ermordeten Geistlichen aufgestellt. Es kam jedoch nirgends zu Protestaktionen.

Ein Mann war gestorben, seine Idee aber lebt weiter in den Herzen von Millionen Polen. Der Friedensnobelpreisträger Lech Walesa stellte in einem Interview für die Londoner Tageszeitung “Financial Times” fest: „Der Priester Popieluszko diente kompromißlos der Wahrheit und fühlte sich gleichzeitig voll für das gemeinsame Wohl der Nation verantwortlich. Ich bin fest davon überzeugt, daß sich ein Kult des Priesters Popieluszko entwickeln wird – ein Kult des christlichen Opfers für die Heimat.“

Die Weihnachtskrippe vor der Stanislaus Kostka-Kirche. Der eingegrabene Polski Fiat erinnert an den Wagen, in dessen Kofferraum der geknebelte und gefesselte Priester transportiert wurde. Die schwarz verhüllten Gestalten symbolisieren seine Entführer.

In der Tat hat der Tod des Priesters seine Popularität nicht ausgelöscht. Popieluszkos Peiniger haben sich einen weit gefährlicheren Gegner, als es der lebende Priester war, geschaffen, einen Märtyrer, dessen Kult sich in kürzester Zeit in ganz Polen verbreitete. Bereits am Allerheiligenfest gedachten die Polen ihres neuen Nationalhelden auf eine besondere Weise. Sie ließen auf der Weichsel, der stummen Zeugin seines Todes, kleine Lichterboote hinabschwimmen und legten Blumen auf das Wasser. Zu Weihnachten dienten die Krippen in vielen Kirchen Polens dem Popieluszko-Kult. Vor der Stanislaus Kostka-Kirche in Warschau stand ein demolierter „Polski Fiat" mit Blutspuren; im geöffneten Kofferraum lag auf Heu ein Jesuskindlein. In einer Kirche in dem Krakauer Vorort Mistrzejowice trugen die Heiligen Drei Könige das Aussehen von Miliz-Soldaten.

Der ermordete Priester wird von den Polen aber nicht nur an kirchlichen Feiertagen verehrt; jeden Tag findet man frische Blumen und brennende Kerzen an den Stationen seines „Kreuzwegs":

Die erste Station – An der Stelle bei der Ortschaft Przysiek, an der der Priester entführt wurde, steht heute ein Holzkreuz. An einem Baum hängt ein gerahmtes Porträt des Märtyrerpriesters. Viele vorbeifahrende Menschen halten zu einem kurzen Gebet an.

Die zweite Station – Ein Vorort von Thorn: Neben der Ortstafel wieder ein Kreuz. Hier gelang es Popieluszkos Chauffeur Chrostowski, aus dem fahrenden Auto der Entführer zu entkommen.

Die dritte Station – Auf dem Parkplatz des Hotels „Kosmos", wo Popieluszko seinen Peinigern, um Hilfe schreiend, einige Meter entkam, steht ein weiteres Kreuz.

Die vierte Station – Ein Kreuz, Blumen, Kerzen und Märtyrerbilder auf einem Seitenweg, der von der Hauptstraße abzweigt, erinnern an die Stelle, wo der Priester beinahe zu Tode geschlagen wurde.

Die fünfte Station – Wloclawek. Die Talsperre an der Weichsel. Ein kleines Kreuz am Brückengelände bezeichnet die Stelle, an der die Täter den leblosen Priester ins Wasser warfen.

Die letzte Station – Das Grab vor der Stanislaus Kostka-Kirche in Warschau. Frische Blumen und Kränze, ewig brennende Lichter, Schüler- und Pfadfinderabzeichen, Devotionalien am Kirchengitter, Millionen von Pilgern.

Vor unseren Augen entsteht ein Heiligtum. Seit dem Begräbnis des Priesters Popieluszko ist sein Grab der nach Tschenstochau meistbesuchte Wallfahrtsort der Polen geworden. Menschen aus dem ganzen Lande treffen sich hier bei gemeinsamen Gebeten. Öfters sind hier sogar ganze Gemeinden anzutreffen, geführt von ihren Pfarrern.

Am Grabe des Märtyrers legen manche seiner Verehrer Gelübde ab, etwa in folgender Art:

12. Jänner 1985:
Wir geloben:
– durch das Leben den Weg zu gehen, den uns unser geliebter Seelsorger Pfarrer Jerzy vorgezeichnet hat,
– in Wahrheit, Besonnenheit und Ehrlichkeit zu leben,
– das Böse durch das Gute zu besiegen, damit das uns von Gott geschenkte Leben an Wert und Freude gewinnt,
– für die geliebte Heimat zu sorgen, damit sie in Frieden, Gerechtigkeit und Wohlstand weiter besteht.

So wie früher die „Messen für die Heimat“ ist heute der Kult des Priesters der kommunistischen Regierung „ein Dorn im Auge“. Die vielen Blumen- und Kerzenspenden an allen Popieluszko-Gedenkstätten werden immer wieder in der Nacht von der Miliz entfernt. In Warschau, in der Pfarre des ermordeten Priesters, wird von den Menschen aus der Umgebung ein inzwischen „Krieg um die Steine“ genannter Kampf geführt: Die zum Grab des Priesters pilgernden Menschen bringen Steine mit und bauen daraus in dem naheliegenden Park einen Hügel. Aus diesen größeren und kleineren Steinen entsteht auf diese Weise langsam ein provisorisches Monument mit einem Holzkreuz in der Mitte. Die polnische Behörde will jedoch diese Aktion verhindern und schickt Miliztruppen, die nachts den Hügel zerstören und die Steine wegführen. Am nächsten Tag sind die Steine wieder da; gebracht in den Einkaufstaschen der Hausfrauen, in den Rucksäcken der Studenten und Schüler, in den Koffern und Taschen der Arbeiter und Angestellten. Die Warschauer wollen damit zum Ausdruck bringen, daß sie ein richtiges Denkmal des Priesters wünschen. Die Pfarrangehörigen der Stanislaus Kostka-Kirche fordern auch die Umbenennung einer Straße in unmittelbarer Nähe des Gotteshauses in „Jerzy Popieluszko-Straße“.

In letzter Zeit wird auch immer stärker die offizielle Anerkennung des Jerzy Popieluszko-Kultes verlangt. In einer der diesjährigen „Messen für die Heimat“ in der Stanislaus Kostka-Kirche brachte der Geistliche Andrzej Przekazinski den Wunsch von Millionen Christen in Polen zum Ausdruck: „Wir hoffen alle auf eine rasche Heiligsprechung Jerzys und auf die Schaffung eines nationalen Heiligtums.“ – Der Präfekt der Vatikanischen Kongregation, die für Heiligsprechungen zuständig ist, Kardinal Pietro Palazzini, hält eine Seligsprechung des ermordeten polnischen Priesters für möglich. Voraussetzung dafür ist, daß eine kirchliche Untersuchungskommission zu der Auffassung gelangt, Popieluszko habe sein Leben für die Verteidigung des christlichen Glaubens hingegeben.

Vielleicht werden die Polen nicht mehr lange warten müssen, bis der zweite nationale Märtyrer des 20. Jhs. zu den Ehren der Altäre erhoben wird; den ersten haben die Nationalsozialisten in Auschwitz umgebracht – Maximilian Kolbe –, den zweiten seine eigenen Landsleute, Beamte aus dem polnischen Innenministerium.

Ein Mann ist tot, seine Idee lebt weiter. In der Stanislaus Kostka-Kirche in Warschau werden die „Messen für die Heimat“ fortgesetzt. Ein anderer Priester hält die Predigten. Doch Jerzy Popieluszko ist dabei anwesend – nicht zuletzt in Gebeten und Liedern des Volkes.

Das Lied zum Andenken an Jerzy Popieluszko:

1. Wer bist du, Mutter
des von allen geliebten Priesters Jerzy.
Sag uns, Mutter, wie du das gemacht hast,
daß du ihm so große Liebe zu Gott eingepflanzt hast.

2. Liebe zu Gott und zur Heimat,
die heute von vielen Narben geprägt ist.
Wir danken dir für diesen Sohn
und geben ihn Gott selbst zurück.

3. Sag uns, Mutter, ob du, an der Wiege stehend
gewußt hast, wie dein Kind sein wird,
Gott und der Heimat aufrecht ergeben,
von den Arbeitern geliebt.

4. Mit seinem Wort hat er uns Mut eingeflößt,
das Volk hörte ihn mit offenem Herzen.
Sag uns, Mutter, wie du das gemacht hast,
daß du ihm diesen Mut eingepflanzt hast.

5. Mit seinem Wissen, mit seinen Predigten
konnte er den Geist der Gläubigen stärken,
er liebte Gott, Ehre, Heimat
und heilte sogar die große nationale Wunde.

6. Wir, die polnische Nation, glauben dir,
deine Unschuld bezeugen wir in der ganzen Welt.
So großen Glauben kann niemand töten.
Obwohl man dich getötet hat, lebst du unter uns.

7. Die Liebe Gottes kann niemand besiegen.
Der starke Glaube wird Wunder vollbringen.
Das lehrt uns die Geschichte Polens
in der Zeit der Not.

8. Polen ist stolz auf einen solchen Sohn,
dessen Gedanken niemand aufhalten kann.
Er verkündete Wahrheit und glaubte fest an Gott,
und das Volk Gottes verbreitete die Worte des Herrn.

9. Du bist der Kaplan der „Solidarnosc“,
Priester der Herzen und Gemüter in ganz Polen.
Priester Jerzy, solange wir leben,
vergessen wir deine Lehre nicht.

Inhalt